MANUEL

DES

INVENTEURS

ET DES BREVETÉS,

OU

Les Lois sur les Brevets d'Invention mises à
portée de tout le monde ;

PAR ANTOINE PERPIGNA,

AVOCAT A LA COUR ROYALE.

A PARIS,

CHEZ L'AUTEUR, RUE DE CHOISEUL, N° 4,

ET CHEZ LES PRINCIPAUX LIBRAIRES.

1834.

MANUEL

DES INVENTEURS

ET DES BREVETÉS.

OUVRAGES DU MÊME AUTEUR.

THE FRENCH LAW AND PRACTICE OF PATENTS,
Un vol. in-8º. Price : 4 fr.

Sous Presse :

TRAITÉ DES PATENTES ANGLAISES,
Un vol. in-8º.

TRAITE DES PATENTES AMÉRICAINES,
Un vol. in-8º.

TRAITÉ DES BREVETS HOLLANDAIS ET BELGES,
Un vol. in-8º.

TRAITÉ DES BREVETS AUTRICHIENS,
Un vol. in-8º.

IMPRIMERIE DE DEZAUCHE,
Faub. Montmartre, 11.

MANUEL

DES INVENTEURS

ET DES BREVETÉS,

ou

Les Lois sur les Brevets mises à la portée
de tout le monde ;

PAR ANTOINE PERPIGNA,

AVOCAT A LA COUR ROYALE.

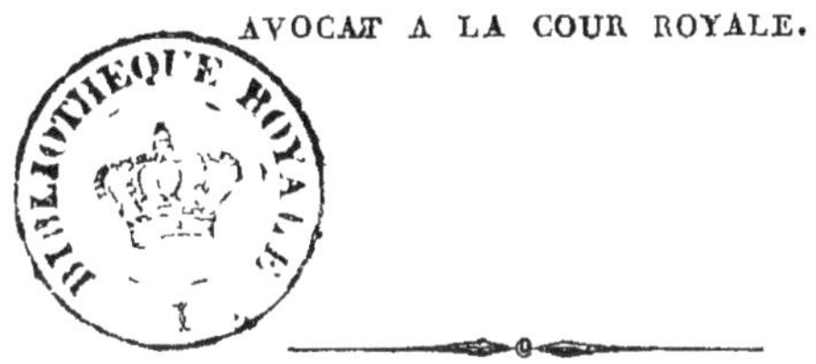

A PARIS,

CHEZ L'AUTEUR, RUE DE CHOISEUL, Nº 4,

ET CHEZ LES PRINCIPAUX LIBRAIRES.

1834.

PRÉFACE.

En 1832 je publiai, à la sollicitation de plusieurs de mes cliens anglais et américains, un Traité sur les lois françaises concernant les brevets d'invention, de perfectionnement et d'importation. Cet ouvrage, ayant pour titre « THE FRENCH LAW AND PRACTICE OF PATENTS », fut accueilli avec faveur en Angleterre et en Amérique.

Mes cliens français et les correspondans que j'ai établis dans divers états de l'Europe, pour la prise des brevets en pays étrangers, m'ayant donné l'espoir qu'un Manuel rédigé en français sur le même plan serait de quelque utilité, je me suis déterminé à refondre mon premier ouvrage, à y donner plus de développement, et à y joindre la solution des nombreuses questions qui m'ont

été soumises, depuis la publication de mon ouvrage anglais, par les industriels qui m'ont fait
l'honneur de me consulter.

Pour mieux me faire comprendre de la classe
de lecteurs pour laquelle j'ai composé ce Manuel,
j'ai dû renoncer à en faire un ouvrage scientifique,
éviter surtout les expressions qui ne sont intelligibles qu'aux personnes qui ont quelque teinture
des lois et quelque connaissance de la langue du
barreau.

Je n'ai pas cité textuellement les arrêts qui ont
été rendus sur cette matière par les Cours royales
et par la Cour de cassation, mais j'ai fondu la
substance de leurs dispositions les plus remar-
quables dans les diverses solutions que j'ai données.

Je me suis efforcé de mettre de la clarté et de
la précision dans la rédaction, et un ordre mé-
thodique dans la division de l'ouvrage; je me suis
aussi attaché à rendre intéressante une matière
qui, d'elle-même, est assez aride, en opérant des

rapprochemens fréquens entre les lois françaises et les lois anglaises et américaines ; j'ai surtout évité d'être trop long, d'après la conviction où je suis qu'on ne lit plus aujourd'hui les gros livres.

Je me suis aidé dans mon travail de tous les secours que pouvaient m'offrir les ouvrages qui ont été publiés sur la matière ; j'ai surtout consulté avec fruit le traité si profond et si purement écrit de M. Renouard. J'ai lu avec attention tout ce qui a été publié en Angleterre et en Amérique sur les patentes pour inventions ; enfin je n'ai rien négligé pour rendre cet ouvrage digne en tous points de son titre. Je n'ose me flatter d'y être complète-ment parvenu ; je conserve toutefois l'espoir que ce Manuel ne sera pas sans utilité pour la respec-table classe des artistes-inventeurs auxquels il est spécialement destiné.

BREVETS

EN

<table>
<tr><td>ANGLETERRE,</td><td>AUTRICHE,</td></tr>
<tr><td>IRLANDE,</td><td>BELGIQUE,</td></tr>
<tr><td>ÉCOSSE,</td><td>HOLLANDE, etc.</td></tr>
</table>

Les correspondances que l'auteur a établies dans ces pays le mettent à même d'y procurer, sous le plus bref délai, des brevets d'invention, de perfectionnement et d'importation, sans que les inventeurs soient obligés de s'y transporter en personne, et sans compromettre le sort des brevets français.

Il prend pareillement des *caveat* pour l'Angleterre, l'Irlande et l'Ecosse.

MANUEL
DES INVENTEURS
ET DES BREVETÉS.

CHAPITRE PREMIER.

INTRODUCTION.

Si la France, enchaînée par les édits et entravée par les corporations, n'eût pas en 1789 brisé le joug honteux qu'un aveugle arbitraire avait fait peser sur elle depuis tant de siècles, l'industrie manufacturière, découragée dans ses essais, comprimée dans son essor et réduite à une dégradante routine, ne s'y serait jamais élevée à ces hautes conceptions, qui de nos jours lui font soutenir avec honneur la dangereuse concurrence de l'Angleterre et de l'Amérique du nord.

Placés sous la surveillance rigoureuse d'hommes, qui, ayant acheté leurs charges, les exploitaient comme un patrimoine et cherchaient à en augmenter les revenus avec une rapacité que rien ne contrôlait, les fabricans français étaient contraints de se renfermer dans le cercle étroit qu'on leur avait tracé, et ne pouvaient hasarder le moindre perfectionnement sans enfreindre les règlemens établis, et sans s'exposer à voir leurs marchandises détruites, brisées ou confisquées.

Des règlemens officiels, qui réduisaient l'homme à l'état de machine, imposaient à tous les ouvriers une seule manière de travailler, et proscrivaient sous les plus sévères châtimens aucune déviation du système adopté ; et ce qu'on aurait de la peine à concevoir de nos jours, ce qui est le comble de l'absurdité, c'est que les rédacteurs de ces édits s'imaginaient savoir mieux nuancer, assortir et préparer la laine, la soie et le coton, doubler les fils, les retordre, que les ouvriers qui en faisaient leur métier, et qui par leur talent seul pouvaient faire vivre et élever leurs familles.

Une tyrannie aveugle avait présidé à la rédaction de ces absurdes règlemens, la violence en assurait l'exécution ; sous les moindres prétextes et même sans prétextes, le domicile des citoyens était violé, leurs ateliers envahis et bouleversés, les ouvriers maltraités et chassés, les travaux interrompus ; les procédés secrets, qui dans tous les genres de fabrication font la fortune de ceux qui les exploitent seuls, étaient ou connus ou divulgués, ou devenaient le prix de la dénonciation d'un concurrent jaloux.

A cette source féconde de vexations et d'entraves

il faut encore ajouter les prétentions des communautés, des confréries, des corporations, qui, comme un
vaste réseau, embrassaient la France entière.

Malheureusement, il n'existait pas à cette époque
en France de ville libre, où, comme en Angleterre,
des inventeurs ou perfecteurs pouvaient trouver un
refuge contre la tyrannie des corporations.

On ne pouvait exercer que les professions clairement
décrites dans des règlemens, et toutes les professions
décrites étaient comprises dans les priviléges de quelques corporations.

Si un homme créait un genre d'industrie entièrement nouveau, comme il ne pouvait l'exercer sans
se servir des outils appartenant à différentes professions, il était obligé de se faire préalablement affilier à
toutes les communautés et corporations dont ressor-
tissaient ces professions. Ces affiliations se faisaient
toujours moyennant une finance plus ou moins considérable ; elles ne s'accordaient qu'aux Français, et
étaient refusées aux étrangers.

Ces institutions arbitraires empêchaient l'indigent
de vivre de son travail, paralysaient l'émulation et l'industrie, condamnaient à l'inactivité les hommes à talens que leur défaut de fortune excluaient de certaines
communautés, privaient l'état et les manufactures des
lumières et de l'expérience que l'étranger aurait pu y

apporter, et en s'opposant à tout progrès, maintenaient les arts dans un état complètement stationnaire. Les maîtrises et les jurandes, en possession du monopole et jalouses de le conserver, excluaient de leur sein les inventeurs dont le génie leur faisait craindre une concurrence dangereuse.

Comment l'esprit d'amélioration aurait-il pu se développer et prendre de l'essor dans un pays où toute innovation était poursuivie et punie comme un crime ; où l'avarice et la routine, juges et parties dans leurs propres causes, condamnaient sans pitié comme sans pudeur toutes les inventions nouvelles ?

Heureux les inventeurs qui, par faveur spéciale, obtenaient des lettres patentes à l'aide desquelles ils étaient autorisés à mettre en pratique leurs propres inventions.

Mais c'était le plus petit nombre. Il arrivait fréquemment qu'on défendait aux inventeurs d'exécuter leurs inventions, si leur demande de lettres patentes n'était pas assez puissamment appuyée auprès des autorités, si leur fortune ne leur permettait pas d'acheter la faveur des commis, ou si leur requête soulevait l'opposition des corporations puissantes qui exerçaient une industrie analogue.

Partout le régime des règlemens, des restrictions, des priviléges étouffait et dévorait l'industrie. Les prétentions excessives des corporations poursuivaient et tourmentaient tous les inventeurs ; c'était une chaîne pesante qui accablait l'industrie, gênait son allure et contrariait tous ses mouvemens.

Les seigneurs de la cour se faisaient inféoder leurs charges et leurs offices, et s'attribuaient une juridiction sur les marchands et artisans dont les professions avaient quelque analogie avec ces offices et ces charges. Les contends de juridiction s'élevaient de toutes parts. Le trafic des maîtrises dégénérait en ressources financières; on ne voyait de tous côtés qu'abus, que tyrannie et qu'oppressions.

Cependant les nations étrangères, profitant des fautes du gouvernement français et de la guerre à mort qu'il déclarait aux arts industriels, appelaient à elles, par l'appât de la liberté dans le travail et par l'attrait d'un gain assuré, tous les artistes qui avaient fait faire des progrès aux arts et manufactures. L'esprit d'amélioration, enfant de la liberté, ne peut vivre dans l'atmosphère oppressive des règlemens. Flétri par leur souffle délétère, il s'étiole et s'éteint comme une plante privée d'air et de lumière. Comment aurait-il pu croître et se développer en France où un despotisme odieux avait tout mis en œuvre pour l'étouffer dès sa naissance et le dessécher dans son germe ?

Les inventeurs poursuivis, condamnés, proscrits

par les maîtrises et les jurandes, abandonnaient une terre ingrate qui ne leur offrait qu'injustices et persécutions, et couraient enrichir l'étranger du fruit de leurs veilles et de leur expérience.

C'est ainsi que l'art d'emboutir et de vernir la tôle, découvert en 1761 par un Français, fut transporté par lui à l'étranger, parce qu'il n'était pas assez riche pour payer les droits d'admission dans les différentes corporations de métiers ayant quelque rapport avec la nouvelle industrie qu'il venait de créer. Cette invention, qui prospéra à l'étranger, ne fut rendue à la France qu'en 1793.

Le métier à fabriquer les bas, inventé à Nîmes, fut transporté en Angleterre, où il fut acheté par le gouvernement.

Lenoir, qui porta à un si haut degré de perfection l'art de fabriquer les instrumens de physique et de mathématiques, eut besoin d'un petit fourneau pour préparer les métaux qu'il employait dans la construction de ses instrumens. Il en fit construire un dans sa maison, mais comme il n'était pas reçu fondeur, les syndics de cette corporation vinrent eux-mêmes le démolir, et après plusieurs essais infructueux pour le rétablir, il ne fut délivré de leurs persécutions que par une autorisation du roi qui lui fut accordée par faveur spéciale.

Quand Argant eut inventé ses lampes à double courant d'air, il eut à soutenir des procès contre la communauté des ferblantiers, serruriers et forgerons, qui s'opposèrent à l'enregistrement du privilége à lui accordé par le roi, sous le prétexte que les statuts attribuaient aux membres de cette communauté le droit exclusif de fabriquer des lampes, et qu'Argant n'en avait pas été reçu membre.

Le balancier à frapper la monnaie et les médailles fut inventé par Nicolas Briot en 1615 ; mais ne pouvant le faire adopter en France, il le transporta en Angleterre, où on l'accueillit avec empressement.

Je pourrais ici accumuler les exemples, ils se présentent en foule, mais ceux que j'ai cités suffiront pour mettre au grand jour les effets funestes d'un pareil système et la fatalité qui poussait la France à bannir de son sein ses enfans les plus industrieux, et à doter l'étranger de leurs inventions les plus belles et les plus utiles.

Ce qui rendait la tyrannie des corporations plus odieuse, c'est que dans l'origine leurs priviléges étaient accordés à perpétuité.

Un long despotisme, en façonnant au joug le peuple français, lui avait fait perdre jusqu'au souvenir de ses droits. Les philosophes les lui rappelèrent.

Les flambeaux de la raison et de la justice éclairèrent

tous les Français à la fois. Ils comprirent aisément que le travail, que l'on représentait comme étant de droit royal, était essentiellement de droit naturel ; que parmi les membres d'une même nation, quelques-uns ne pouvaient pas être des tyrans, pendant que les autres n'étaient que des esclaves ; qu'enfin, la justice et la raison voulaient que toutes les industries et toutes les professions fussent affranchies des monopoles qui en faisaient le patrimoine d'un petit nombre.

Un cri pour l'émancipation de l'industrie, poussé d'abord par les philosophes, trouva de l'écho dans tous les rangs du peuple, et une concession à l'opinion publique devenait de jour en jour d'une nécessité plus indispensable.

Cette fermentation des esprits réveilla un instant Louis XV de sa voluptueuse léthargie. Il rendit en 1762 une déclaration qui réduisait tous les priviléges à quinze ans. C'était déjà une amélioration, mais le mal n'en subsistait pas moins, et un aussi faible palliatif était loin de répondre encore aux besoins de l'époque. Cependant Louis XV, fatigué d'un moment d'effort et d'énergie, se rendormit bientôt au sein des plaisirs, laissant à son successeur l'honneur et le danger d'opérer de plus grandes réformes.

On s'attendait généralement que le règne de Louis XVI serait signalé par de notables améliorations ; cette attente ne fut pas trompée : l'édit mémorable de 1776, rendu par ce prince, supprima tous les priviléges et corporations, et ouvrit à l'industrie une vaste carrière en offrant un puissant encouragement à l'esprit d'amélioration. Mais la suppression des priviléges froissait des intérêts privés, et comme sous les règnes précédens le gouvernement s'était souvent créé des ressources financières par la vente des charges et priviléges, il était injuste d'en dépouiller les possesseurs sans indemnité préalable. Un pareil manque de foi ne pouvait être justifié ni par les meilleures intentions ni par le désir de briser les fers sous lesquels gémissait l'industrie. Aussi, Turgot succomba-t-il sous la tempête excitée par une mesure conçue dans des vues d'intérêt public, mais à l'exécution de laquelle l'équité n'avait pas présidé ; l'édit fut rapporté et le ministre se retira.

Après cette vaine tentative pour affranchir tous les métiers et toutes les professions, plusieurs autres édits furent rendus pour diminuer la tyrannie des statuts existans ; mais le mal avait jeté des racines trop profondes pour que des mesures aussi faibles pussent l'extirper, il subsista donc plus ou moins jusqu'à ce que la révolution française, marchant dans la voie de la réforme à pas de géant, renversa en un jour toutes les corporations et tous les priviléges, affranchit toutes les professions, plaçant tous les Français sous le même niveau, leur imposa les mêmes obligations et les appela tous à jouir des mêmes droits.

L'industrie et les arts, en France, délivrés du joug oppressif qui avait pesé sur eux pendant tant d'années, commencèrent une ère nouvelle. Le génie d'invention put se livrer à ses brillantes conceptions, sans craindre désormais les obstacles et les persécutions qu'une politique aveugle avait constamment opposés à tous les perfectionnemens ; cependant il ne suffisait pas d'ouvrir un vaste champ aux améliorations en tout genre d'industrie, il fallait encore en assurer la propriété à leurs auteurs, il fallait garantir à tout individu résidant en France, soit Français, soit étranger, la jouissance paisible du fruit de son travail et de ses efforts. Cette garantie fut donnée par les lois sur les brevets, de 1791. Dès lors, l'artisan se livra à ses travaux avec ardeur et confiance ; libre d'entraves, il s'abandonna sans crainte à ses heureuses inspirations, certain de ne plus voir tourner à sa propre ruine les talens dont la nature l'avait doué pour le bonheur de l'humanité ; certain de ne pas expier par la persécution, la prison et l'exil, les services rendus à son pays.

Alors l'industrie grandissant en France en raison de la carrière immense et sans bornes qui s'ouvrait devant elle, inspirée par le génie d'invention, éclairée par une longue expérience, stimulée par une louable émulation et par un sentiment d'honneur national, s'élança dans des voies nouvelles, développa des moyens inconnus, et obtint les plus grands et les plus nobles résultats.

C'est de l'affranchissement de l'industrie que date la législation des brevets. Nous nous empresserons d'en développer les principes, pour réunir dans le plus petit espace possible toutes les notions nécessaires tant aux personnes qui désirent obtenir des brevets, qu'à celles qui les ont obtenus.

SECTION PREMIÈRE.

DE LA NATURE DES BREVETS.

Un brevet considéré en lui-même, et abstraction faite du titre qui le prouve, est un contrat synallagmatique passé entre le peuple français représenté par le gouvernement d'une part, et l'inventeur, perfectionneur ou importateur d'autre part. Par ce contrat, un privilége exclusif pour employer lui-même dans certains cas et dans tous les cas manufacturer et vendre l'article inventé, perfectionné ou importé, est accordé au breveté pendant un nombre d'années limité, et sous certaines conditions, parmi lesquelles se trouve la

condition expresse de révéler de suite son secret, qui,
à l'expiration du terme fixé pour le privilége, doit
tomber dans le domaine public.

Il faut donc qu'il y ait échange. Pour prix d'un privilége temporaire, la nation obtient le secret d'inventions qui autrement eussent pu être à jamais perdues
pour elle, et de son côté l'inventeur obtient un privilége temporaire en révélant son secret, dont on lui
garantit la jouissance exclusive jusqu'à l'expiration de
son privilége.

C'est ainsi que l'invention tourne en définitive au
profit de la société tout entière ; mais elle profite d'a-
bord à l'inventeur lui-même. Protégé par un monopole
temporaire, il n'est plus gêné dans le développement
de son invention. Il la produit avec confiance au grand
jour. Les observations des savans, les critiques des
personnes qui exercent une profession analogue, les
exigences du public, devenues d'autant plus grandes
que l'inventeur a fait preuve de plus de génie, tout
contribue à améliorer l'invention, et à lui donner, dans
les mains de l'inventeur, tous les perfectionnemens
dont elle est susceptible.

La nécessité d'un échange entre l'inventeur et le public est le principe sur lequel pivote toute la législation des brevets, et une stricte application de ce
principe donnera la solution des questions les plus im-

portantes de la matière. On doit donc considérer les brevets comme des contrats entre l'inventeur et le public, reposant sur la bonne foi du breveté, qui est tenu de communiquer de suite son invention pour prix de la concession d'un privilége temporaire. Ces contrats doivent être interprétés comme tous les autres contrats.

Un brevet, considéré comme l'acte qui confère et prouve le privilége, est un titre délivré par le gouvernement pour assurer à la personne qui l'obtient un privilége exclusif pour fabriquer et vendre pendant un nombre d'années déterminé la chose qui fait l'objet du brevet. L'arrêté des consuls, du 27 septembre 1800, a substitué une forme nouvelle à celle qui avait été fixée par les lois de 1793.

Les brevets sont maintenant expédiés sur papier et délivrés en deux parties distinctes. La première, appelée *certificat de demande* ou provisoire, est rédigée par le ministre du commerce et signée de lui ; l'original reste en dépôt dans les bureaux du ministère, avec la description fournie par le pétitionnaire et un double des dessins ; une copie tant de l'acte que de la description, avec un double des dessins, le tout signé par le ministre, est adressée au pétitionnaire et forme la première partie du brevet.

Le certificat provisoire constate qu'une demande a

été faite, que toutes les formalités prescrites par la loi ont été accomplies, et que le certificat est accordé pour constater les droits du pétitionnaire, jusqu'à ce qu'ils soient confirmés par l'ordonnance royale.

A partir de la date du certificat, l'inventeur commence à jouir des droits de breveté. La durée de son brevet commence à la même époque.

Dans les premiers jours de chaque trimestre, c'est-à-dire du 10 au 15 de janvier, avril, juillet et octobre, une ordonnance du roi est rendue, sur le rapport du ministre du commerce, et insérée dans le Bulletin des lois. Cette ordonnance confirme les brevets pour lesquels des certificats provisoires ont été accordés dans le précédent trimestre.

Un extrait de l'ordonnance est adressé à chaque breveté ; cet extrait contient ses nom, prénoms, profession et domicile, la nature de son invention, la date du certificat provisoire, avec déclaration de la part du roi que la personne qui a obtenu le certificat provisoire est définitivement brevetée.

Les pièces délivrées par l'autorité à chaque demande de brevet sont au nombre de quatre : 1° le reçu des droits de la préfecture, qui est remis au moment où le dépôt du paquet est effectué, et qui contient la date du procès-verbal et le numéro sous lequel il a été enregistré dans le registre-minute qui reste à la préfecture ;

2° la copie du procès-verbal de dépôt, que l'on peut obtenir huit ou dix jours après qu'il a été dressé; cette copie contient l'indication de la date du dépôt, les nom, prénoms, profession et domicile du pétitionnaire, la nature de l'invention, le nombre d'années pour lequel le privilége est demandé et la somme qui a été payée pour la taxe, soit la totalité, soit seulement la moitié; 3° le certificat provisoire avec les dessins, si aucuns ont été joints; 4° l'ordonnance du roi confirmative du certificat de demande. Avec ces documens, le brevet est complet.

On néglige souvent de demander une copie du procès-verbal de dépôt, que l'on regarde comme une pièce inutile; cependant comme c'est la seule qui constate l'heure à laquelle le dépôt a été fait, et comme les dépôts peuvent se faire dans la province tout aussi bien que dans la capitale, s'il s'élevait une contestation sur la priorité de deux inventions, la copie du procès-verbal deviendrait une pièce indispensable pour décider la question; on ferait toujours bien de la demander pour être en mesure, soit de défendre son titre dans les cas où il serait attaqué, soit d'attaquer les brevets qui auraient pu avoir été postérieurement demandés pour la même invention.

Si la moitié seulement de la taxe a été payée comptant, et qu'on ait souscrit une obligation à six mois d'échéance pour le reste, quand le paiement complémentaire est fait, l'obligation souscrite par le breveté est rendue, et il lui est en outre délivré un reçu officiel de la somme payée pour solde de la taxe. Les brevetés doivent aussi avoir soin de demander la représentation de ce reçu aux intermédiaires qu'ils peuvent avoir employés, comme une garantie que le paiement a été effectué, et surtout pour éviter d'encourir la déchéance de leurs brevets, dans le cas où le paiement de la seconde portion de la taxe n'aurait pas été effectué à l'échéance. D'ailleurs, dans le cas où le breveté voudrait poursuivre un contrefacteur, il pourrait être tenu, avant faire droit, de justifier que la seconde moitié de la taxe a été réellement payée à l'échéance, et la représentation du reçu officiel est la seule pièce qui puisse constater le paiement. Trois ou quatre mois après qu'une demande pour un brevet a été régulièrement formée, le titre est accordé, pourvu qu'il ne s'élève pas d'obstacles à son expédition.

SECTION II.

DES DIFFÉRENTES ESPÈCES DE BREVETS.

La loi reconnaît trois espèces de brevets différens :

1° Brevets d'invention ;

2° Brevets de perfectionnement;

3° Brevets d'importation.

Ces trois espèces de brevets peuvent être combinées de manière à en former quatre de plus, savoir :

4° Brevets d'invention et de perfectionnement;

5° Brevets d'invention et d'importation;

6° Brevets d'invention, de perfectionnement et d'importation ;

7° Brevets d'importation et de perfectionnement.

Les formalités prescrites pour l'obtention de ces divers brevets sont exactement les mêmes, la seule différence est dans la déclaration faite par le demandeur, laquelle doit être conforme au genre de brevet qu'il désire obtenir.

SECTION III.

INVENTIONS.

Les inventions ne peuvent jamais être appréciées par leurs causes, mais seulement par leurs résultats. La plus simple découverte a souvent produit les plus étonnantes révolutions dans les idées et dans le sort du genre humain. Les exemples suivans prouveront la vérité de cette assertion.

Les peuplades septentrionales ont, dans des temps

reculés, subjugué constamment les peuples méridionaux.

Les premières, toujours robustes et actives par leur
nature, étaient encore endurcies par la rigueur de leur
climat et par les rudes travaux au prix desquels un sol
ingrat leur vendait de grossiers alimens. Les peuples
du midi, au contraire, rendus indolens par la fertilité
de leur sol, qui se couvrait sans efforts des plus riches
moissons, affaiblis par la douceur de leur climat, se li-
vrèrent à la culture des arts, qui sont le fruit de la
paix et de la civilisation, et s'amollirent au milieu de
toutes les jouissances de la vie.

En raison de leur faiblesse relative et de leur amour
de la paix, les peuples du sud semblaient devoir être
pour toujours la proie des peuples du nord.

Un homme parut, et son génie inventif brisa le joug
des peuples méridionaux et rendit inutile la force ath-
létique des hordes hyperborées. Cet homme est l'inventeur de la poudre à canon.

Un autre homme inventa un verre d'optique. Cette
découverte est bien simple en elle-même, mais qu'elle
est vaste dans ses résultats! Pour l'homme, il n'est déjà
plus de distances; l'astronomie voit s'ouvrir devant
elle une carrière nouvelle et sans bornes; l'harmonie
des mondes innombrables, les lois qui règlent la marche des corps célestes, tout est connu, apprécié, et

ces immenses résultats sont dus à la découverte d'un verre grossissant.

L'homme qui découvrit les propriétés de l'aiguille magnétique pouvait-il s'imaginer que son invention guiderait Christophe Colomb à la découverte d'un monde nouveau ?

Celui qui inventa la manière de mesurer le temps au moyen d'une combinaison de roues, de pignons et de poids agissant l'un sur l'autre, ouvrit la voie à l'importante découverte de la longitude en mer au moyen de chronomètres ou de montres marines.

Quelle reconnaissance ne doit-on pas à celui qui découvrit, qui fit connaître la propriété expansive de la vapeur ! C'était, dira-t-on, une invention théorique non susceptible d'être brevetée. C'est vrai ; mais que d'applications ingénieuses n'en a-t-on pas faites ! Dans les manufactures, la vapeur rivalise de puissance avec l'homme ; sur les routes, pour le transport des marchandises et des voyageurs, elle rivalise avec les bêtes de trait ; sur les mers, elle rivalise avec la force du vent, avec les efforts des vagues. Partout elle lutte avec succès, partout elle finit par remporter la victoire. C'est à un seul homme, à un seul inventeur, que toutes les nations de l'univers ont d'aussi grandes obligations.

On doit conclure de ce qui précède que l'invention

dans les arts est la mère commune de toutes les fabrications ; que seule elle peut maintenir une nation au
premier rang de l'industrie , la faire lutter avec avantage contre les efforts de la concurrence et les résultats de l'émulation des nations rivales ; que par conséquent il est dans l'intérêt de la société de tout faire
pour la protéger et en assurer le succès.

Comme les principes les plus simples sont souvent
les plus fertiles dans leurs conséquences , et les plus
riches dans leurs résultats, la loi accueille avec la
même faveur toutes les inventions nouvelles qui sont
susceptibles d'être brevetées. Nous verrons , chap. II,
quelle espèce d'invention peut devenir l'objet d'un
brevet.

SECTION IV.

DES INVENTEURS.

Les inventeurs peuvent être divisés en trois classes
distinctes. Au premier rang se placent les hommes de
génie dont la vaste imagination peut concevoir dans
leur ensemble, embrasser dans leurs détails, et amener à fin des inventions importantes ; réaliser l'exécution de machines tout-à-fait nouvelles, ou changer
complètement des machines connues ; organiser des

systèmes de fabrication nouveaux et compliqués, et déterminer l'adoption de procédés non encore employés. Ces hommes sont en petit nombre.

Au second rang viennent ceux qui n'ont pas une imagination assez vaste et un esprit assez sûr pour créer des systèmes nouveaux ou des changemens notables dans les machines existantes, ni pour organiser les moyens de les exécuter, mais qui sont capables de faire des améliorations réelles dans les systèmes et les machines connus, ou d'y faire des changemens partiels. Cette classe est immense.

La troisième classe est composée de gens de peu d'imagination, qui par conséquent ne sont pas susceptibles d'une vaste pensée, mais qui sont doués d'une certaine habileté dont ils font une heureuse application aux choses qui frappent leurs observations, et qui de plus possèdent un tact assez sûr pour exécuter correctement tout ce qu'ils conçoivent.

Leur talent consiste à perfectionner les détails, à donner le fini aux parties détachées des vastes machines conçues par des esprits supérieurs, à corriger les imperfections et à combler les lacunes qui se rencontrent fréquemment dans les plus hautes conceptions. Heureusement cette classe est immense, elle fourmille parmi les mécaniciens, depuis l'ingénieur jusqu'au simple ouvrier. Ces hommes ne sont jamais à court d'expédiens pour surmonter les difficultés pratiques qu'ils rencontrent dans le cours de leurs travaux, et l'activité de leur esprit, stimulée par les obstacles, leur inspire continuellement de petites inventions dont ils ont un besoin immédiat pour l'exécution de leurs ouvrages. Quoique les individus composant les deux dernières classes ci-dessus soient inventeurs des mécanismes qu'ils substituent à ceux antérieurement employés, néanmoins, comme le titre d'inventeur ne s'applique proprement qu'à ceux qui créent une chose entièrement nouvelle et inconnue, la loi ne donne qu'aux individus de la première classe le titre d'inventeurs, elle ne considère les autres que comme auteurs de perfectionnemens.

SECTION V.

BREVETS D'INVENTION.

Les brevets d'invention sont accordés aux inventeurs qui les sollicitent. Ils doivent déclarer qu'ils ont inventé ou découvert l'objet pour lequel ils demandent un brevet. On ne s'informe pas si l'invention est nouvelle ou si la déclaration est vraie. C'est pourtant sur ces deux points que repose la validité du titre en cas de procès. On ne prête aucun serment pour confirmer la déclaration. La présence de la personne pour qui le brevet est demandé n'est pas nécessaire, mais la déclaration doit être faite en son nom.

Une combinaison de vieilles machines pour produire un résultat nouveau et utile est une découverte qui peut devenir l'objet d'un brevet.

Il n'est pas nécessaire que la méthode, le procédé ou l'appareil soit entièrement nouveau et inconnu, ni qu'il n'ait reçu aucune application quelconque, il suffit qu'il n'ait jamais été employé de la manière décrite dans la spécification : ainsi, une application nouvelle d'un procédé connu et tombé dans le domaine public est considérée comme une invention susceptible d'être brevetée. Mais, dans tous les cas où le brevet n'est pas pris pour le procédé lui-même, mais seulement pour une application nouvelle de procédés connus, toute autre personne peut faire des applications différentes des mêmes procédés et les faire breveter à son profit, si elles sont nouvelles et inconnues.

Dans toutes les inventions mécaniques il y a des parties qui sont dans le domaine public, et qu'aucun brevet ne peut s'attribuer exclusivement. Ce sont des élémens primitifs nécessaires à l'exécution de toute machine. Dans ce cas, tout le mérite réside dans la nouveauté de l'application de moyens connus. Si donc l'application est nouvelle, si la combinaison n'est pas connue, et qu'elle présente un caractère neuf, elle forme une découverte susceptible d'être brevetée d'invention.

Comme, en fait de machines, il est très-difficile de produire quelque chose d'entièrement nouveau et qui n'ait aucune analogie avec ce qui a déjà été fait, on demande rarement des brevets pour invention seulement, la plupart des inventions supposées n'étant, à vrai dire, que des perfectionnemens. Ce n'est pas étonnant, puisque depuis quarante-deux ans que les lois sur les brevets existent en France, les brevets se sont élevés à plus de cinq mille, sans parler du grand nombre d'inventions pour lesquelles on n'a pas pris de brevets. De plus, il se passe rarement un mois sans que deux ou trois brevets d'invention ou de perfectionnement soient demandés pour des objets analogues qui ne se distinguent l'un de l'autre que par une légère différence dans les moyens employés. Le mérite de ces différences est apprécié en raison des résultats obtenus.

SECTION VI.

DES PERFECTIONNEMENS.

L'expérience a prouvé que les inventions même les plus utiles et les plus brillantes, celles qui font la gloire et la fortune de leurs auteurs, avaient presque toujours besoin d'être complétées par une foule de petites améliorations que l'usage seul peut amener, et qu'il n'indique que successivement. Ce sont ces améliorations que l'on nomme perfectionnemens.

Un perfectionnement est donc une plus grande valeur, puissance ou facilité d'exécution donnée à une chose qui est ou brevetée ou dans le domaine public, par la modification, diminution ou nouvelle combinaison de ses parties.

Un perfectionnement est une nouvelle idée qui semble avoir échappé à l'inventeur originaire, et par l'application de laquelle on obtient, soit une économie dans la fabrication, soit plus d'effet avec moins d'efforts, soit des produits meilleurs.

Une chose peut être parfaite en son genre par suite d'un heureux choix de la matière employée, par la forme, l'élégance et les belles proportions de ses différentes parties, mais il n'y a là aucun perfectionnement. Une bonne machine où il n'y a rien de nouveau n'est pas, en raison de sa bonne construction, susceptible d'être brevetée : un perfectionnement consiste souvent en des détails qui ont bien peu d'importance apparente, mais qui procurent en réalité une amélioration notable dans les produits.

La grande subdivision des arts mécaniques qui caractérise le siècle présent, et la grande production de toutes les branches d'industrie, sont causes que des légères différences dans les moyens employés présentent des différences immenses dans les résultats obtenus. De là, le mérite et la valeur de ces différences légères qui doivent être appréciées par leurs résultats.

Perfectionner une fabrication, c'est donc faire plus vite, mieux ou meilleur marché.

L'addition d'ornemens, de quelque genre que ce soit, et le changement dans les formes et les proportions d'une machine ou d'une combinaison de matière, n'est pas un perfectionnement; il faut qu'il y ait quelque chose ajouté à l'invention primitive, quelque avantage obtenu.

Il peut y avoir des cas où un changement dans la forme d'une machine ou d'un instrument peut être considéré comme un perfectionnement, et devenir l'objet d'un brevet : c'est lorsque ce changement exige une nouvelle combinaison des différentes parties, une nouvelle manière de les disposer et de communiquer le mouvement. Ainsi, l'on a pris des brevets pour des pianos d'une forme nouvelle, tels que des pianos verticaux, des pianos droits, le changement de la forme les rendant plus portatifs et moins embarrassans. En effet, il ne suffisait pas dans ce cas de changer la forme extérieure, il fallait encore modifier tout le mécanisme intérieur, et transmettre le mouvement d'une manière différente. Ces modifications constituent une invention susceptible d'être brevetée.

Il convient donc de faire une distinction entre les formes qui peuvent être données à une chose : quelques-unes sont substantielles, celles-là seules forment une invention ou un perfectionnement, les autres sont accidentelles et n'ajoutent rien à l'invention.

Ainsi donc, quand une nouvelle forme donnée à une chose, tout en produisant un résultat avantageux, exige une disposition nouvelle de ses parties, soit extérieures, soit intérieures, la forme est alors substantielle et peut supporter un brevet. Quand, au contraire, le changement dans la forme n'ajoute rien à l'effet et n'exige aucun effort d'imagination pour la disposition des différentes parties, la forme est accidentelle, et le changement qu'on y apporte ne peut pas devenir l'objet d'un brevet. Ce qui vient d'être dit de la forme s'applique pareillement aux dimensions de l'objet.

C'est dans ce dernier sens que la loi dit qu'un changement dans les dimensions ou dans la forme d'une chose n'est pas considéré comme un perfectionnement qui puisse donner droit à un brevet.

L'application d'une nouvelle matière à la confection d'un article connu, si un résultat avantageux est par là obtenu, peut être considérée comme un perfectionnement et devenir l'objet d'un brevet.

Il n'est pas rigoureusement nécessaire de faire une distinction entre ce qui est déjà connu et ce qui est nouveau. L'omission d'une pareille démarcation n'entraînerait pas en France, comme elle le ferait en Angleterre et aux États-Unis d'Amérique, la nullité du brevet.

Plusieurs perfectionnemens dans une machine, ou dans une série de machines, peuvent devenir l'objet d'un brevet, mais non pas plusieurs perfectionnemens dans des machines différentes, à moins qu'elles ne forment que les parties nécessaires d'un seul et même système.

L'impétrant doit déclarer qu'il est inventeur de la chose pour laquelle il demande un brevet.

Cette déclaration peut être faite en son nom par une autre personne.

SECTION VII.

DES DIVERSES SORTES DE BREVETS DE PERFECTIONNEMENT.

Des brevets de perfectionnement peuvent être demandés dans trois cas différens :

1° Quand un breveté perfectionne l'invention pour

laquelle il a déjà obtenu un brevet non encore expiré.

2° Quand le perfectionnement porte sur une invention déjà brevetée en faveur d'un autre.

3° Quand le perfectionnement porte sur une invention qui est dans le domaine public.

§ Ier.

PERFECTIONNEMENS FAITS PAR LE BREVETÉ.

En France, un breveté peut toujours améliorer, changer, étendre ou réduire le procédé pour lequel il est breveté, mais c'est à la charge de faire breveter les changemens, perfectionnemens ou modifications qu'il apporte à son invention primitive. Dans ce cas, la taxe à payer au gouvernement est très-légère, ainsi que nous le verrons ci-après.

Le breveté qui perfectionne son système doit faire annexer ses divers perfectionnemens à son brevet d'origine ; s'il négligeait de le faire, il pourrait être obligé de prouver qu'il les a inventés après que le brevet primitif a été accordé, ou il pourrait être déchu de son privilége comme ayant recélé une partie de son secret.

En supposant qu'il pût établir que les perfectionnemens non brevetés sont postérieurs à l'obtention du brevet d'origine, ce dernier conserverait force et valeur. Mais ici s'offre un inconvénient d'un autre genre ; comme le privilége ne s'étend qu'aux parties de l'invention qui ont été décrites, les perfectionnemens postérieurs à la demande du brevet n'étant pas compris dans la description primitive, rien n'en assure la propriété exclusive à l'inventeur ; ils tombent, par conséquent, dans le domaine public, aussitôt qu'ils ont été mis en exécution. Les brevetés ne peuvent faire trop d'attention à ce point.

Le propriétaire légal d'un brevet, quel que soit le titre auquel il l'ait obtenu, soit par vente, donation, succession, décision des tribunaux, est investi des mêmes droits et est soumis aux mêmes obligations, que le brevet soit d'invention, de perfectionnement ou d'importation. S'il change ou modifie son système, il est tenu de prendre un ou plusieurs brevets d'addition ou de perfectionnement, s'il veut s'en réserver la possession exclusive, et s'il ne veut être tenu de prouver que ces perfectionnemens sont postérieurs à l'obtention du brevet primitif.

Rien ne limite le nombre des brevets de perfectionnement que le breveté peut annexer à son brevet d'origine. Mais il faut remarquer que tous les brevets pour additions, changemens ou perfectionnemens, reposent sur le brevet d'origine et ne peuvent s'étendre au-delà du terme fixé pour son expiration.

Il faut remarquer encore que bien que tous les brevets subséquens, qui sont annexés au brevet d'origine, reposent sur celui-ci pour leur validité et soient annulés s'il est frappé de déchéance, néanmoins la réciprocité n'a pas lieu, et quelques-uns des brevets de perfectionnement ou tous pourraient être annulés sans que le brevet d'origine souffrît d'atteinte.

Les modifications dans le système qui fait l'objet du brevet primitif doivent être de nature à ne pas changer complètement le principe de l'invention. Autrement il serait plus régulier, plus prudent de prendre un brevet séparé pour ces perfectionnemens, en payant la totalité de la taxe, parce que le brevet d'origine ne peut pas protéger des perfectionnemens, additions, ou même des changemens qui porteraient atteinte au principe fondamental de l'invention primitive.

Comme les brevets d'addition ne peuvent avoir d'autre durée que celle qui reste au brevet d'origine, il en résulte que si le brevet primitif est expiré, les brevetés ne peuvent prendre de certificat de perfectionnement qu'autant qu'ils paient la totalité de la taxe, parce que le privilége a cessé et que l'invention se trouve désormais dans le domaine public.

La facilité que la loi offre aux brevetés d'obtenir des brevets d'additions et de perfectionnemens en payant une taxe légère, est accordée sous la condition que ces brevets formeront partie intégrante du brevet primitif et ne s'étendront pas au-delà du terme fixé pour sa durée. Mais les brevetés peuvent, s'ils le préfèrent, prendre un brevet de perfectionnement en payant la totalité de la taxe. Alors le nouveau brevet forme un titre par lui-même et peut s'étendre après le terme fixé pour la durée du brevet primitif. Cette faculté est importante quand le premier brevet n'a plus que peu de temps à courir, et que le perfectionnement se trouve être d'une grande valeur.

Une personne ayant un intérêt dans un brevet peut-elle prendre un brevet d'addition et de perfectionnement, et doit-elle, dans ce cas, payer toute la taxe, ou seulement la taxe réduite?

Si elle désire se réserver à elle-même l'avantage résultant du perfectionnement, elle devra prendre un brevet en son nom et payer la totalité de la taxe; si elle ne paie que la taxe réduite, le brevet devra être pris au nom de celui qui est breveté pour l'invention première, et les avantages des perfectionnemens appartiendront à tous les intéressés au brevet d'origine.

Il en serait de même si une personne qui aurait obtenu une licence du breveté perfectionnait l'invention dont elle aurait obtenu le droit de se servir.

On entend par licence en matière de brevet le droit que le titulaire confère à une personne de se servir de la machine ou du procédé breveté pour son usage personnel. Ce droit n'est pas transmissible. La cession partielle est le droit d'exploiter le brevet dans certaines localités. Ce droit peut être vendu comme tous les autres droits.

§ II.

PERFECTIONNEMENS SUR UNE CHOSE POUR LAQUELLE UN AUTRE EST BREVETÉ.

Quand un perfectionnement est fait sur le principe d'une machine, ou sur quelques-unes de ses parties, ou sur une composition de matière déjà garantie à une autre personne par un brevet qui n'est ni expiré ni déchu, le titulaire du brevet d'origine ne peut pas faire usage du perfectionnement, et le perfectionneur ne peut pas s'approprier l'invention primitive. Le perfectionneur est donc obligé de s'adresser à cet effet à l'inventeur pour traiter de son invention primitive à laquelle il peut ensuite joindre ses perfectionnemens.

De son côté, l'inventeur ne peut en aucune manière joindre à la machine ou aux procédés de son invention les perfectionnemens qui sont brevetés en faveur d'un autre, sans avoir préalablement obtenu son autorisation.

L'inventeur originaire d'une machine a seul droit de la faire breveter; si une personne invente un perfectionnement sur une machine déjà brevetée en faveur d'une autre, elle n'a droit qu'à un brevet de perfectionnement, et ne peut comprendre dans son brevet la machine primitive; elle ne peut même s'en servir sans le consentement du premier breveté. Si cependant le perfectionneur d'une invention brevetée prenait un brevet pour la totalité de la machine et non pas pour le perfectionnement seul, son brevet embrasserait plus que son invention, il s'étendrait à ce qui appartient à un autre, et devrait être réduit au perfectionnement. Si une action en contrefaçon était dirigée contre lui par l'inventeur primitif, il pourrait y avoir lieu à la confiscation des objets fabriqués, et même à des dommages-intérêts, selon les circonstances; mais le brevet serait maintenu pour la partie relative aux perfectionnemens réellement faits à l'invention primitive. Dans un cas semblable, les lois américaines et anglaises prononcent la déchéance des brevets, d'après l'axiôme qu'un brevet nul dans une de ses parties est nul pour le tout.

De son côté, l'inventeur ne peut se servir du perfectionnement sans le consentement du perfectionneur. Si l'inventeur se servait des dits perfectionnemens sans y être autorisé, il pourrait être condamné comme contrefacteur à des dommages-intérêts, à l'amende et à la confiscation des objets contrefaits.

Celui qui perfectionne une invention déjà brevetée en faveur d'un autre, n'étant pas légalement tenu de prendre un pareil brevet de perfectionnement, est obligé de payer la totalité de la taxe selon la durée du brevet qu'il sollicite.

Si deux personnes demandent des brevets pour des inventions de même nature, mais non identiques, le premier seulement a droit à un brevet d'invention. La demande du second peut être convertie sans nouveaux frais en une demande de brevet de perfectionnement pour les parties de l'invention non comprises dans la première demande. Mais cela est purement facultatif de la part du second demandeur, qui peut renoncer à sa demande, s'il le préfère, et obtenir le remboursement de la taxe par lui payée.

§ III.

PERFECTIONNEMENS SUR UNE CHOSE QUI EST DANS LE DOMAINE PUBLIC.

Si l'on fait un perfectionnement sur une chose tombée dans le domaine public et qu'on fasse breveter ce perfectionnement, le brevet ne peut conférer aucun droit ni étendre les restrictions du monopole sur une chose dont l'usage était libre auparavant ; mais le breveté a tous les droits d'un inventeur sur les perfectionnemens, quoiqu'il n'ait pas un droit exclusif sur la chose elle-même ; par conséquent, tout le monde continuera à pouvoir se servir comme auparavant de la chose qui était dans le domaine public, et le privilége du breveté ne comprendra que les perfectionnemens par lui inventés.

Mais comme la chose elle-même est supposée libre, il s'ensuivra que tout le monde, malgré un premier brevet de perfectionnement obtenu, aura le droit de perfectionner à sa manière la chose dont s'agit, et de faire breveter valablement ces perfectionnemens, pourvu qu'ils soient différens de ceux déjà brevetés.

SECTION VIII.

BREVETS D'IMPORTATION.

L'importateur d'une invention est celui qui introduit en France, sous la protection d'un brevet, une invention étrangère, et son privilége est la récompense que la loi lui offre pour avoir enrichi la France d'une invention auparavant inconnue.

L'importation d'une découverte exige des travaux préliminaires qui méritent l'encouragement d'un gouvernement éclairé. Ce serait une erreur de croire qu'il suffise de se procurer les plans et la description d'une invention pour l'importer avec fruit. Les dessins les meilleurs et les descriptions les plus détaillées laissent toujours quelque chose à désirer, et pour peu que la machine soit compliquée ou nouvelle, il est bien difficile, à l'aide de ces documens, de la construire du premier coup et sans essais préliminaires, et d'en faire usage aussi avantageusement que l'inventeur lui-même. Pour importer réellement une machine, il faut obtenir une connaissance pratique de son action et de ses produits, et à cet effet voyager dans le pays où elle a été inventée, y résider quelque temps pour obtenir les renseignemens indispensables, tromper la jalousie des fabricans qui craignent de voir emporter en pays étranger une machine qui leur assure de grands avantages, pénétrer, souvent avec danger et toujours à grands frais, dans les différentes manufactures où elle est employée, la voir marcher, l'étudier dans ses résultats et dans les différentes phases de la fabrication, et s'assurer par des essais et des renseignemens de la manière la plus avantageuse de l'établir et de l'employer. Toutes ces démarches exigent une grande dépense de temps et d'argent que l'importateur doit encourir avant de pouvoir transporter avec succès une invention d'un pays dans un autre.

La loi exige une condition de plus pour la validité d'un brevet d'importation. L'invention doit être brevetée en pays étranger : aucun privilége n'est valablement accordé en France pour l'introduction d'une invention qui n'est pas brevetée dans le pays d'où elle est tirée.

L'importateur a sur l'invention brevetée d'importation le même droit qu'un inventeur.

Il n'est pas obligé d'indiquer le pays d'où l'importation a été faite. Il n'est pas obligé de prouver que l'invention est déjà brevetée dans un autre pays, ni de faire connaître la date du brevet étranger ou le nombre d'années pour lequel il a été obtenu. Le brevet une fois accordé est supposé valide jusqu'à ce que le contraire soit prouvé.

Comme une des conditions de la validité d'un brevet d'importation est que l'invention soit brevetée en pays étranger, la conséquence est que toutes les fois que l'invention devient dans ce pays propriété publique, n'importe la cause de la déchéance du titre, le brevet français devient nul. Ainsi, par exemple, si une invention introduite d'Angleterre était brevetée en France et que le brevet anglais fût annulé par les tribunaux anglais, le brevet français deviendrait de nulle valeur, même si le vice du brevet anglais était tel qu'il ne dût pas entraîner la nullité du brevet d'après les lois françaises.

Mais comme il n'existe pas dans la loi française de nullité de plein droit, il s'ensuit que le brevet d'importation devrait être déclaré nul par les tribunaux français, et il le serait sur la représentation de la preuve que le brevet étranger pour la même invention était tombé dans le domaine public. Jusqu'à ce que cette preuve fût administrée, le brevet d'importation pris en France conserverait force et valeur.

Quoiqu'aucun brevet d'importation ne puisse être valablement accordé en France pour une invention publiquement connue et employée en pays étranger, bien qu'inconnue en France, néanmoins comme de pareils brevets peuvent être demandés, et qu'on ne fait aucune enquête pour savoir si tel procédé pour lequel on demande un brevet d'importation est d'un usage libre dans le pays d'où on l'importe en France, de pareils brevets pourraient être accordés d'autant plus que l'impétrant n'est pas tenu de faire d'autres déclarations que celle constatant qu'il est importateur de l'invention dont s'agit. Si un pareil brevet avait été obtenu, il subsisterait jusqu'à ce qu'il fût annulé par jugement.

Dans tous les cas, ceux qui attaquent un brevet doivent en prouver la nullité. Le breveté n'a rien à prouver, ni l'existence d'un brevet étranger, ni la validité de son titre, ni l'utilité de l'invention, pas même qu'elle était inconnue en France avant qu'il ne l'eût importée ; il suffit qu'il produise son brevet, qui est tenu pour bon jusqu'à ce que le contraire soit établi aux yeux du juge. La loi présume le titre du breveté valable ; la preuve de sa nullité retombe sur ceux qui contestent la validité du brevet. C'est un point très-important dans la législation des brevets, et comme il est souvent impossible de fournir des preuves suffisantes, celui qui est tenu de faire la preuve doit, dans ce cas, perdre son procès.

Supposons qu'une invention brevetée en pays étranger soit introduite en France sous la protection d'un brevet d'importation, et qu'on vienne ensuite à prouver qu'à une époque antérieure à la demande du brevet d'importation pris en France, cette invention était d'un usage libre dans un autre pays, une pareille preuve annullerait-elle le brevet français ?

Comme aucun brevet d'importation n'est réputé valable en France qu'autant que l'invention qui en fait l'objet ne se trouve pas être d'un usage libre en pays étranger, la bonne foi de l'importateur ne couvrirait pas la nullité de son titre.

Mais, dira-t-on, comment savoir que des pays avec

lesquels on a fort peu de relations, et qui sont très-éloignés de la France, tels que la Chine, la Perse et l'Inde, n'ont pas pratiqué, depuis nombre d'années, des inventions que l'on croit nouvelles en Europe? Il n'y a certainement aucun moyen de s'en assurer, beaucoup de découvertes ayant été faites en Orient plusieurs centaines d'années avant d'être connues en Occident. Mais c'est cela même qui rend la preuve plus difficile à faire : comme la loi suppose le titre valable, c'est à celui qui attaque le brevet à administrer la preuve de la nullité, et puisque rien ne le force à poursuivre la déchéance du titre accordé au breveté, il ne doit l'entreprendre qu'autant qu'il est muni de preuves suffisantes. Il serait donc non recevable à alléguer l'impossibilité de fournir ces preuves en raison de l'éloignement du pays où l'invention serait connue et pratiquée. Ce serait en vain qu'on alléguerait comme motif suffisant, pour rejeter la preuve sur le breveté, que lui seul sait si l'invention est brevetée en pays étranger, puisqu'il déclare l'avoir importée en France ; que seul il connaît le pays d'où cette invention est tirée, et le nombre d'années pour lequel le privilége a été accordé dans l'étranger ; que conséquemment il lui est facile d'administrer la preuve des faits qui sont à sa connaissance personnelle, et sur l'exactitude desquels repose la validité de son titre ; tous ces motifs seraient sans force : la loi est positive ; elle n'exige rien du breveté à l'appui de son titre, qui fait foi par lui-même jusqu'à preuve contraire. C'est en supposant que la déclaration par lui faite est vraie que le brevet a été accordé ; cette déclaration doit donc être considérée comme méritant pleine confiance jusqu'à preuve contraire. Ce principe est d'une application générale pour tous les genres de brevets, et protége ceux d'importation aussi bien que tous les autres.

Quelques personnes s'imaginent que le brevet d'importation confère un privilége purement commercial à l'aide duquel on peut introduire en France des objets brevetés à l'étranger. Il importe de détruire une erreur très-préjudiciable aux titulaires de brevets d'importation, qui pourraient encourir la déchéance pour inactivité durant les deux premières années, au moment même où ils exploiteraient leurs brevets à leur manière avec la plus grande activité.

Le brevet d'importation n'est pas accordé pour l'introduction de l'objet manufacturé, mais pour l'introduction de l'invention elle-même.

Cette invention doit être mise à exécution en France, et c'est violer la loi et encourir la déchéance que de ne faire fabriquer qu'à l'étranger les objets pour lesquels on a obtenu un brevet d'importation du gouvernement français.

SECTION IX.

BREVETS D'INVENTION ET DE PERFECTIONNEMENT.

Quand dans une machine ou dans un article manufacturé une partie a été inventée et une partie seulement perfectionnée, l'impétrant peut demander un brevet d'invention et de perfectionnement ; il n'est pas tenu d'établir dans sa description une ligne de démarcation entre ce qui est inventé et ce qui est seulement perfectionné, et si l'on vient à prouver que la partie qu'il déclare avoir inventée était connue antérieurement à la demande par lui faite, le brevet n'en sera pas moins valable pour la partie perfectionnée, et *vice versâ*.

En France on ne considère pas toutes les parties d'un brevet comme étant solidaires entre elles, de manière que l'une d'elles ne puisse être annulée sans que le brevet soit nul pour le tout. Quand un brevet embrasse plusieurs inventions, le titre accordé les protége toutes. Chacune des inventions formant partie d'un même système peut devenir l'objet d'un brevet distinct et séparé, et si l'on vient à prouver dans la suite qu'il n'y a pas de nouveauté dans l'une d'elles, le brevet n'en subsiste pas moins pour le reste ; le même principe est applicable quel que soit le brevet que l'on ait obtenu.

Mais, dira-t-on, comment établir la distinction entre la partie du brevet qui tombe dans le domaine public du moment que l'on vient à prouver qu'elle, était connue antérieurement à la demande, et celle qui reste encore la propriété du breveté ? Est-ce au breveté ou au juge à la fixer ? C'est à celui qui attaque un brevet dans une de ses parties à prouver que cette partie n'était pas brevetable ; ainsi c'est sur lui que retombe entièrement la preuve. Toutes les parties de l'invention brevetée à l'égard desquelles il ne peut fournir la preuve qu'elles étaient connues antérieurement à la demande du brevet, échappent à ses attaques et demeurent la propriété du breveté.

SECTION X.

BREVETS D'IMPORTATION ET DE PERFECTIONNEMENT.

Quand l'importateur d'une machine en France la perfectionne, il peut demander un brevet d'importation et de perfectionnement. Il n'est pas nécessaire d'établir une ligne de démarcation entre la partie de l'invention qui est seulement importée et celle qui est perfectionnée. Si le brevet vient à être annulé comme brevet d'importation, il pourra subsister comme brevet de perfectionnement, mais seulement pour les parties qui se trouveraient différer de l'invention importée, et *vice versâ*.

SECTION XI.

BREVETS D'INVENTION ET D'IMPORTATION.

Si une partie de la machine que l'on veut faire breveter est entièrement nouvelle et une partie importée d'un pays étranger, on pourra demander un brevet d'invention et d'importation. Il n'est pas nécessaire d'établir une distinction entre les parties inventées et celles importées; et si le brevet vient à être annulé comme brevet d'invention, il pourra subsister comme brevet d'importation, et *vice versâ*.

SECTION XII.

BREVETS D'INVENTION, D'IMPORTATION ET DE PERFEC-TIONNEMENT.

On peut demander un brevet pour invention, importation et perfectionnement, si partie de la machine a été inventée, partie importée et partie perfection-née. Dans ce cas, comme dans ceux où deux espèces de brevets sont réunies, il n'est pas nécessaire d'établir une distinction entre les différentes parties de la machine pour lesquelles on demande un privilége à des titres différens, et si le brevet est annulé pour ce qui a rapport à l'invention, il pourra encore subsister pour l'importation et le perfectionnement, mais restreint alors aux seules parties de la machine réellement importées et perfectionnées. Si le brevet encourait la déchéance sous le rapport de l'invention et de l'importation, il pourrait encore être maintenu pour les perfectionnemens. Enfin, quand une personne prend un brevet à trois titres différens, le brevet n'est complètement annulé que lorsqu'il est prouvé qu'aucune des déclarations faites par le pétitionnaire n'est vraie, c'est-à-dire qu'il n'est ni inventeur, ni importateur, ni perfectionneur de la chose pour laquelle il a demandé un brevet à ces trois titres.

SECTION XIII.

Pour rendre nos développemens plus clairs et plus intelligibles comme pour éviter les répétitions et les généralités, nous avons, dans les précédentes sections, parlé constamment d'une machine pour laquelle on aurait pris un brevet ; mais ce que nous ayons dit à cet égard n'est pas restreint seulement au cas où une ma-

chine serait brevetée, mais doit être appliqué également à toutes les autres inventions qui peuvent devenir
l'objet d'un brevet.

Nous ne terminerons pas ce chapitre sans signaler
une des erreurs les plus répandues parmi les industriels, erreur qui les détourne de chercher à s'assurer
la propriété de leurs inventions au moyen de brevets.

Ils s'imaginent que toute personne, en faisant un lé-
ger perfectionnement, peut s'approprier une découverte déjà brevetée, et que cette usurpation reçoit une
sanction légale au moyen de la concession d'un brevet
pour perfectionnement; ils en concluent qu'un brevet
est un titre sans aucune garantie pour celui qui l'obtient,
et que les inventeurs ne courent que des chances défa-
vorables, en révélant dans leurs descriptions le secret
de leurs découvertes.

Telle n'est pas la loi, et l'on ne saurait trop le ré-
péter pour déraciner un préjugé funeste à l'industrie et
au développement des meilleures inventions. L'inventeur primitif conserve son droit à l'invention quand
même son invention aurait été perfectionnée par d'autres. Les perfectionneurs n'ont que le droit d'appliquer
leurs perfectionnemens aux choses fabriquées par l'inventeur primitif sans pouvoir les fabriquer eux-mêmes,
si ce n'est du consentement exprès de l'inventeur.

Ce qui empêche encore un grand nombre de personnes de prendre des brevets pour des objets qui pourraient en être susceptibles , c'est que l'on voit qu'un grand nombre de brevets accordés sont annulés par les tribunaux, et l'on en tire la conséquence erronée que de pareils titres n'offrent aucune sécurité à ceux qui en sont porteurs. Mais ce défaut de garantie ne saurait être imputé à la loi, il ne provient que de la négligence ou de l'ignorance avec laquelle la plupart des descriptions sont rédigées. Il ne suffit pas que le mémoire descriptif soit clair et intelligible , il faut encore qu'il embrasse tout ce qui fait l'objet de l'invention , tout ce qui en découle comme une conséquence nécessaire , et qu'il offre à l'inventeur une protection réelle et efficace contre les imitateurs ou contrefacteurs.

En Angleterre, que l'on peut regarder comme la terre classique des brevets , les descriptions sont toujours rédigées avec le plus grand soin et soumises , avant d'être déposées , à l'examen d'un homme de loi profondément versé dans la connaissance de la législation industrielle. Il résulte de ces précautions la certitude que l'invention est suffisamment protégée par la description qui a été fournie.

En France, au contraire, la plupart des inventeurs ne se donnent pas tant de peine ; ils rédigent , tant bien que mal, la description. Ils croient avoir tout fait quand le brevet leur est accordé. Mais une invention

qui ne repose que sur une description incomplète,
insuffisante, et faite par une personne dépourvue des
connaissances nécessaires, succombe aux premières attaques judiciaires, et les brevetés, déchus de leur titre,
s'en prennent à la loi tandis qu'ils ne devraient s'en
prendre qu'à leur propre incurie.

CHAPITRE II.

SECTION PREMIÈRE.

QUELLES INVENTIONS PEUVENT ÊTRE BREVETÉES.

On n'accorde pas de brevets pour toutes les espèces d'inventions. Elles doivent être de nature à produire un article fabriqué par la main de l'homme et mis dans le commerce.

On ne peut pas faire breveter un simple effet, mais seulement un effet produit d'une manière particulière, ou par une opération spéciale. Ainsi, par exemple, on ne pourrait pas prendre un brevet pour l'art de mesurer le temps, ni pour la découverte de la force expansive de la vapeur, mais seulement pour une nouvelle application mécanique à l'aide de laquelle l'on mesurerait la course du temps, ou l'on utiliserait la force d'expansion de la vapeur.

Aucun brevet ne peut être accordé pour un simple principe, mais il peut être accordé pour une manière de faire une chose, parce que le brevet pour la méthode devient en effet un brevet pour la chose faite, et non pas seulement pour le principe d'après lequel elle est faite; aucun préjudice n'en peut résulter pour le public, et l'esprit de la loi est satisfait ; et peu importe que le brevet soit accordé pour une machine faite ou pour la manière de la faire, pourvu qu'elle soit suffisamment décrite. Sous ce rapport, les lois anglaise et française sont complètement d'accord.

Aucun brevet ne peut être accordé :

1° Pour une invention théorique et scientifique, à moins que l'inventeur n'en ait fait une application pratique, et qu'une machine ne puisse être construite, ou qu'un objet quelconque ne puisse être manufacturé par les moyens indiqués.

2° Pour des tontines, des plans de finances, des établissemens de commerce et de banque, bien qu'ils soient combinés d'une manière entièrement nouvelle et inconnue. Peu de temps après la publication des lois sur les brevets, de 1791, on demanda des brevets pour des établissemens de finances. La fameuse caisse Lafarge fut établie par brevet d'invention en 1792.

L'assemblée nationale, considérant qu'il était urgent de prendre des mesures pour arrêter l'effet de pareils brevets, en prononça la nullité et décréta qu'il ne pourrait plus en être accordé pour de pareils objets. Le même décret déclare formellement que les seules

industries relatives aux arts et métiers sont susceptibles d'être brevetées.

3° Pour des médicamens, des pilules, des élixirs et
autres préparations pharmaceutiques. Ces inventions
sont réglées par des lois spéciales.

Plusieurs brevets, toutefois, ont été accordés pour
des préparations médicinales déguisées sous différens
titres. Ces inventions ne pouvaient pas être brevetées,
et les titres accordés sont radicalement nuls ; de pareilles inventions sont comprises dans la catégorie des
remèdes secrets, qui sont régis par la loi de 1810.

4° Pour des productions de l'esprit, telles qu'un
livre, un poème, un tableau ou une composition mu-
sicale ; les droits des auteurs sont réglés par les lois
spéciales.

5° Plusieurs inventions ne peuvent pas être comprises dans un même brevet, mais elles doivent être
l'objet d'un nombre égal de brevets, à moins qu'elles
n'aient des rapports entre elles, et qu'elles ne constituent les différentes parties d'un même système.

Si une demande contenait plusieurs inventions distinctes, elle ne serait pas pour cela considérée comme
entachée de nullité.

Mais dans ce cas le demandeur est prévenu par le
comité consultatif des arts et manufactures de l'irrégularité de sa demande ; on l'engage soit à la retirer,

soit à choisir celle de ses inventions qu'il veut faire breveter de préférence : dans le cas où il fait un choix et se limite à une des inventions comprises dans sa demande, les autres inventions peuvent ou être abandonnées ou devenir l'objet d'un égal nombre de brevets.

Il faut toutefois remarquer que la date du dépôt servira seulement pour l'invention choisie par le demandeur, et que les autres inventions ne pourront être garanties que par un nouveau dépôt et seulement du jour où il sera fait.

Si le demandeur renonce à quelques-unes de ses inventions, on lui rend les dessins et les descriptions y relatives.

Cependant si le demandeur persiste à considérer sa demande comme légale, et à soutenir qu'elle ne renferme que les différentes parties d'un même système, liées ensemble de manière à produire un seul effet, une décision du ministère du commerce devient nécessaire pour trancher la difficulté.

Cette décision est sans appel, et quoiqu'un recours soit ouvert devant le conseil d'état contre toutes les décisions ministérielles, néanmoins un appel contre une pareille décision n'aurait aucun effet, et la décision serait confirmée.

Nous avons fait l'énumération des inventions qui ne

pouvaient pas être brevetées, toutes les autres découvertes peuvent être protégées par un brevet, quelle que soit leur simplicité ou même leur frivolité.

L'administration ne soumet à aucun examen les demandes des brevets, comme nous le verrons ci-après.

Comme le droit de délivrer des brevets est accordé par la loi à l'autorité administrative, c'est par conséquent à cette autorité seule qu'il appartient d'apprécier la brevetabilité d'une invention.

Si les tribunaux peuvent arrêter l'effet du brevet et en prononcer la nullité, parce que l'invention n'était pas brevetable, ce n'est que dans des cas précis, fixés et déterminés par la loi, et que nous indiquerons ci-après.

Hors ces cas, quand le ministre a accordé un brevet, ce titre ne peut être annulé par les tribunaux sous prétexte que l'invention elle-même ne pourrait pas devenir l'objet d'un brevet, le ministre décidant cette question sans appel pour tous les cas où la loi n'a pas prononcé d'une manière formelle.

Quand l'objet que l'on veut faire breveter est un nouvel article de fabrication ou une composition nouvelle, le brevet doit être pour l'article fabriqué ou manufacturé, sans y comprendre la machine ou le mécanisme par lequel l'effet est produit; mais si le mécanisme et le procédé sont pareillement nouveaux, il faut prendre deux brevets distincts et séparés, pour protéger à la fois la nouvelle substance produite et la machine ou le procédé à l'aide duquel elle est obtenue.

Quand l'effet produit n'est pas une composition ou substance nouvelle, le brevet peut être pris seulement pour la machine, ou si c'est une nouvelle méthode d'employer des machines connues, pour le procédé à l'aide duquel l'effet est produit.

On demande souvent des brevets pour des préparations ou composés chimiques, tels que des cosmétiques; mais pour des médicamens aucun brevet ne peut être pris en France. Des cosmétiques pourraient être nuisibles à la santé publique, s'ils étaient préparés par des personnes qui ne connussent pas les effets des ingrédiens qu'elles emploient. Pour éviter des accidens, aucun de ces composés ne peut être breveté, avant qu'on n'ait acquis la certitude qu'il n'est pas d'un emploi dangereux.

Les mémoires et descriptions de ces préparations sont soumis avec les échantillons qui y ont été joints, ou que l'on demande à cet effet, à l'examen de l'académie de médecine.

Si elle ne les trouve pas nuisibles, les brevets sont expédiés de suite; si au contraire ils sont déclarés dangereux, les demandeurs sont invités à retirer la taxe payée et.

à renoncer à leurs demandes. Ils ont tous jusqu'ici accédé à cette invitation.

S'ils n'avaient pas renoncé volontairement à leurs demandes, ils n'auraient jamais pu mettre en pratique leurs inventions. Le ministre du commerce, n'ayant pas le droit de refuser un brevet quand les formalités légales ont été remplies, se serait vu forcé d'accorder les brevets dont s'agit ; mais en même temps il n'aurait pas manqué de signaler l'existence de ces priviléges à M. le préfet de police, afin qu'il empêchât la création des établissemens destinés à les exploiter, et il aurait instruit du tout le procureur du roi de la résidence des brevetés. Ce magistrat, gardien de la sûreté publique, aurait pris aussitôt les mesures nécessaires pour faire annuler ces brevets comme étant d'une exploitation dangereuse. Dans ce cas, le montant de la taxe déjà payée aurait été perdu pour les brevetés, et ils auraient pu être en outre passibles d'amende et d'autres condamnations pécuniaires.

SECTION II.

QUELLES PERSONNES PEUVENT OBTENIR DES BREVETS.

Toute personne peut obtenir un brevet en France,

homme ou femme, mineur ou majeur, Français ou étranger, soit qu'il réside ou non en France, et en général tous ceux qui remplissent les conditions attachées à son obtention.

La qualité d'inventeur n'est pas indispensable pour obtenir un brevet, c'est à l'invention accompagnée d'une demande faite en la forme légale que le privilége est attaché; et jusqu'à ce que le contraire soit prouvé, un breveté est considéré comme ayant droit à la qualité d'inventeur qu'il s'est donnée.

Si plusieurs individus inventent en même temps une seule et même chose, celui qui la publie le premier, c'est-à-dire qui, sous la garantie d'un brevet, la fait connaître au public, est aux yeux de la loi le seul inventeur; nul autre ne peut prétendre des droits au privilége exclusif que le brevet confère sur l'invention.

Ainsi le breveté et le véritable inventeur peuvent être deux personnes distinctes, mais nulle tierce personne ne peut attaquer les droits du breveté, soit en contestant le mérite de l'invention, soit en exposant les moyens qu'il a pu employer pour en obtenir possession.

Le véritable inventeur est le seul qui puisse réclamer l'invention, si la personne qui s'est fait breveter à son préjudice lui avait ravi son secret au moyen de manœuvres frauduleuses, ou de toute autre manière ; mais alors son droit ne résulterait pas de son titre d'inventeur, ni du brevet qui a été indûment accordé à un autre, mais seulement de la fraude dont il aurait été victime.

Aucune autre personne ne peut attaquer les droits conférés par le brevet, si ce n'est en prouvant que la prétendue invention est déjà brevetée en faveur d'un autre, ou qu'elle était tombée dans le domaine public antérieurement à la demande du breveté, ou bien que le breveté n'a pas rempli les conditions nécessaires à la validité et à la conservation de son titre, conditions que nous énumèrerons dans la suite.

Si le demandeur fait faillite dans le temps qui s'écoule entre le dépôt fait à la préfecture et la signature du certificat, ses syndics s'emparent de son droit au brevet comme partie de son actif; ils peuvent ou renoncer à la demande formée, et dans ce cas recouvrer la taxe payée, ou persévérer dans la demande, et quand le brevet est obtenu, l'exploiter ou en disposer pour le mieux des intérêts de la masse des créanciers.

Les inventions qu'un failli peut avoir conçues, avant d'avoir obtenu un concordat, ne peuvent profiter à sa masse, s'il ne les a pas mises en exécution avant d'avoir obtenu un arrangement de ses créanciers; mais si avant cette époque il avait mis ses talens en œuvre, et réalisé l'exécution de quelque invention nouvelle, elle appartiendrait, de plein droit, à ses créanciers et ne pourrait pas être valablement transportée par le failli à aucune autre personne.

Si le pétitionnaire vient à mourir dans le temps qui s'écoule entre la demande et la signature du certificat provisoire, ses héritiers peuvent renoncer à la demande formée, et retirer les sommes payées pour la taxe, ou ils peuvent persister dans la demande, et, quand le brevet est obtenu, s'en servir ou en disposer selon qu'ils le jugeront à propos.

Tant que le brevet n'est pas expédié et signé par le ministre, l'impétrant peut renoncer à la demande par lui formée et obtenir le remboursement de la taxe versée, exepté celle qui est payée à la préfecture pour l'enregistrement du dépôt, laquelle n'est jamais restituée; mais aussitôt que le titre a reçu la signature du ministre, le pétitionnaire n'est plus admis à retirer sa demande : il peut néanmoins renoncer à son titre et se dispenser ainsi de payer le complément de la taxe, mais ce n'est qu'en faisant l'abandon des sommes par lui déjà versées.

SECTION III.

LE GOUVERNEMENT N'EXERCE AUCUN CONTRÔLE SUR LES DEMANDES DE BREVETS.

—

Nous avons indiqué précédemment les inventions qui n'étaient pas susceptibles d'être brevetées en France. Toutes les autres inventions peuvent devenir l'objet d'un brevet, et aucune demande ne peut être rejetée, excepté dans les cas énumérés ci-dessus.

Le ministre du commerce, quand toutes les formalités prescrites par la loi ont été remplies, ne peut refuser un brevet, excepté dans un des cas indiqués dans la section Ire de ce chapitre. Il n'est pas établi juge de l'importance ou de la frivolité d'une invention. Aucun examen préalable ne doit avoir lieu, et tous les brevets régulièrement demandés doivent être accordés; ce principe ne reçoit pas d'exception et ne peut être violé ni directement, ni indirectement.

Le ministre ne peut pas refuser un brevet, même pour une invention dont l'exploitation serait dangereuse ou nuisible, sans s'exposer à être pris à partie; mais en accordant un pareil titre, il le dénonce en même temps au procureur du roi près le tribunal dans le ressort duquel le breveté réside, pour que ce magistrat prenne dans l'intérêt de la santé ou de la sûreté publique les mesures nécessaires pour faire annuler un pareil privilége.

Le ministre n'est pas appelé à décider si l'invention est nouvelle ou déjà brevetée. La loi offre les moyens de dépouiller les brevetés des titres qui auraient pu être irrégulièrement ou illégalement accordés.

La décision de ces cas est laissée à la prudence du juge, et aucun brevet ne peut être annulé sans un jugement.

En Angleterre et dans les États-Unis d'Amérique, les procès en contrefaçon intentés par le breveté, et ceux où l'on conteste au breveté la validité de son titre, sont les uns et les autres soumis à des jurés, qui prononcent par leur verdict sur la contrefaçon, sur la validité du brevet et sur le montant des dommages-intérêts. En France, ces questions sont de la compétence du juge, qui les décide sans l'intervention du jury. Nous indiquerons ci-après les tribunaux qui sont appelés par la loi à prononcer sur les questions relatives aux brevets, dans les différens cas qui peuvent se présenter.

Quoique le gouvernement délivre les brevets sans examen préalable, néanmoins il a cru devoir, dans l'intérêt des brevetés, établir un comité consultatif dans les bureaux du ministère du commerce. Ce comité, composé d'hommes recommandables par leurs connaissances industrielles et manufacturières, offre aux inventeurs une garantie qu'aucune autre institution n'eût pu leur fournir. Toutes les demandes des brevets sont soumises au comité ; il examine d'abord si toutes les formalités prescrites par les lois ont été remplies, ensuite si la description et les dessins fournis sont suffisans pour faire comprendre l'invention dans tous ses détails ; enfin, si l'invention est nouvelle et n'a pas déjà été brevetée en faveur d'un autre. Il fait du tout un rapport au ministre du commerce. Quand le rapport est favorable, on expédie de suite le brevet. Si la description ou les dessins, ou tous deux, laissent quelque chose à désirer, on demande au breveté des explications qui doivent être données par écrit, et sont annexées à la description primitive et conservées dans les bureaux du ministère.

Ce comité est principalement établi pour empêcher les inventeurs de consacrer inutilement leur temps et leur argent à l'obtention de brevets qui pourraient être annulés à la première attaque.

Si donc le comité pense que l'invention présentée comme nouvelle est déjà brevetée ou tombée dans le domaine public, il en fait mention dans son rapport au ministre. Le ministre alors transmet à la partie un extrait de l'avis du comité consultatif, et l'engage, dans son intérêt personnel, à renoncer à sa demande et à retirer la taxe payée. Si, nonobstant cette invitation, le pétitionnaire persiste dans sa demande, le brevet lui est accordé, mais à ses risques et périls.

Le comité ne peut qu'énoncer son opinion, sans l'imposer. Ainsi, dans le cas où la description de l'invention est jugée obscure, incomplète, insuffisante, et lorsque le comité la déclare telle et réclame une description supplémentaire, si le demandeur de brevet refuse de rien ajouter à sa description et insiste pour obtenir le brevet tel qu'il l'a demandé, le titre lui est alors accordé, mais à ses risques et périls.

Il est bon de faire remarquer ici que l'approbation du comité ne pourrait pas faire titre en faveur du breveté, dans le cas d'un procès sur la validité du brevet, parce que le comité ne fait que déclarer qu'il ne croit pas que l'invention soit déjà connue ou brevetée. Mais si le comité, au contraire, avait fait des objections à la demande, soit parce que l'invention était déjà brevetée ou tombée dans le domaine public, soit pour toute autre cause, cette circonstance pourrait être défavorable au breveté dans l'esprit du juge, parce qu'elle servirait à montrer que le pétitionnaire avait été dûment averti de l'irrégularité de sa demande, et qu'il y a persisté en connaissance de cause, malgré les avis qui lui avaient été donnés.

Une foule de cas prouvent que le comité consultatif
se renferme strictement dans le cercle de ses attributions, et qu'après avoir donné son avis, si le demandeur persiste dans sa demande, le titre lui est alors
accordé à ses risques et périls, quelque grands que
soient d'ailleurs les défauts du brevet. Il me suffira de
citer l'exemple suivant, auquel je m'arrête de préférence, en raison de l'importance et du succès de l'invention, de la longueur des procès auxquels elle donna
lieu, du grand nombre de jugemens et d'arrêts qui
furent rendus dans cette affaire, et des capitaux considérables qui avaient été consacrés à l'exploitation du
brevet.

Un sieur Raymond avait demandé en 1819 un brevet pour une nouvelle espèce de roues à aubes applicables aux bateaux à vapeur et placées sur l'arrière. Le
ministre lui écrivit à la date du 28 juillet de la même
année : « Avant de vous accorder le brevet que vous
« avez demandé, je crois devoir vous faire observer
« que ce système de navigation a été gravé et décrit
« dans plusieurs ouvrages imprimés, que plusieurs
« brevets ont été accordés pour des procédés sem-
« blables, et que vous ne pouvez, sans encourir la
« déchéance ou vous exposer à des poursuites pour
« contrefaçon, le comprendre dans votre description. »
Sans tenir compte de l'avis qui lui avait été transmis

par le ministre, Raymond persista dans sa demande.
Un brevet de quinze ans lui fut accordé. Raymond mit
son procédé en exécution, et en 1822, il avait formé
une société pour le transport de marchandises de
Paris au Havre et retour sur des bateaux construits
d'après son système. Plusieurs essais, faits sur une
grande échelle, avaient constaté tous les avantages
du procédé Raymond. En 1824, on exploitait le brevet avec succès, quand une compagnie rivale, pour
échapper à un procès en contrefaçon, forma contre le
sieur Raymond et consorts une demande en déchéance,
fondée sur ce que le procédé breveté avait été décrit
et publié antérieurement à la demande du brevet; et à
l'appui de la demande en déchéance, elle produisit des
ouvrages anglais et américains qui contenaient la description du système que Raymond avait fait breveter.
Dans l'intérêt du sieur Raymond, on soutint que l'ouvrage, dans lequel se trouvait décrit un procédé qui
offrait quelque analogie avec celui de Raymond, était
écrit en langue étrangère et publié en pays étranger;
que la publication ne peut exister en France que pour
les ouvrages qui sont écrits en langue française et mis
en vente en France; que par conséquent, un ouvrage
écrit en langue étrangère, vendu dans un pays étranger,
n'est point une publication pour la masse des Français,
il est inintelligible pour eux, il n'existe pas à leur égard.

Si quelques savans, versés dans la connaissance des langues étrangères, peuvent connaître et comprendre tous les ouvrages publiés dans toutes les langues de l'Europe, cette connaissance, restreinte à un petit nombre d'individus, n'offre plus le caractère de la publication, car publier un livre veut dire le mettre à la portée du public, qui peut à sa volonté en prendre connaissance et qui est dès lors censé l'avoir fait.

Le tribunal de première instance, saisi de la contestation, sans avoir égard aux moyens plaidés par le sieur Raymond, prononça la déchéance de son brevet, attendu que le procédé qui en faisait l'objet avait été décrit et publié dans des ouvrages imprimés et mis en vente à une époque antérieure à celle où la demande du sieur Raymond avait été formée. De ce jugement on interjeta appel; la cause fut portée devant la cour royale de Paris. Cette cour, considérant que les dispositions de la loi, qui prononcent la déchéance du brevet quand le procédé a été décrit dans des ouvrages publiés, ne s'appliquent qu'aux ouvrages français et ne s'étendent pas aux ouvrages étrangers, qui, n'ayant pas de publication en France, ne peuvent être légalement réputés connus des Français qui obtiennent des patentes favorables aux progrès de l'industrie nationale ; que d'ailleurs dans l'espèce rien ne prouve que de fait Raymond ait connu les ouvrages dont s'agit, infirma le jugement dont la révision lui était soumise, et émendant, déchargea Raymond des condamnations contre lui prononcées, débouta les adversaires de Raymond de leur demande à fin de déchéance et les condamna en tous les dépens.

Sur cet arrêt, on se pourvut en cassation.

La cour suprême, considérant que le jugement de première instance du 2 février 1825 avait établi, en point de fait, que le procédé donné pour nouveau par Raymond avait déjà été publié et décrit dans des ouvrages publiés en Amérique et en Angleterre; que la cour royale n'a pas contredit ce point de fait, qu'elle l'a même admis en se décidant exclusivement par la solution du point de droit, et en jugeant que ce sont seulement les ouvrages publiés en France qui peuvent motiver la déchéance du brevet, et non pas les ouvrages étrangers, qui, n'ayant pas de publication légale en France, ne peuvent être légalement réputés connus des Français; que, cependant, le § 3 de l'art. 16 de la loi n'a point exigé que les ouvrages fussent *publiés en France ;* que cette modification serait contraire à l'esprit de la loi manifesté notamment dans l'art. 9 de la même loi.

De ces motifs, il suit que l'arrêt de la cour royale, en créant une limitation non existante dans la loi et contraire à son texte comme à son esprit, a violé l'art. 16 de la loi du 7 janvier 1791.

La cour cassa et annula l'arrêt de la cour royale de Paris, et renvoya la cause devant la cour royale de Rouen.

Cette cour, adoptant les principes posés par la cour de cassation, prononça la déchéance du brevet de Raymond, sur le motif que les procédés brevetés avaient été, antérieurement à la date de la demande, décrits et publiés en Angleterre et en Amérique.

On soumit cet arrêt à la censure de la cour de cassation, qui, persistant dans sa précédente décision, rejeta le pourvoi.

Ainsi, Raymond perdit son brevet qui tomba dans le domaine public, et il eut tout lieu de regretter de n'avoir pas suivi les avis qui lui avaient été officieusement donnés par le comité consultatif.

Quand le comité trouve la description insuffisante, et demande une description supplémentaire, on la dépose ordinairement dans les bureaux du ministère, et on l'annexe au mémoire primitif. Mais il est plus régulier, dans ce cas, de prendre un brevet de perfectionnement, parce que la loi prescrit le dépôt de toutes les pièces relatives à un brevet dans les bureaux de la préfecture, et qu'un brevet, à l'égard duquel on n'aurait déposé toutes les pièces à la préfecture, pourrait bien être annulé par les tribunaux en cas de contestation, surtout si les pièces supplémentaires étaient réputées

indispensables ; car, n'ayant pas été produites en la manière légale, elles seraient sensées n'avoir jamais été
déposées.

Il convient, néanmoins, d'ajouter que ce moyen de
nullité ayant été invoqué récemment, comme défense
à une action en contrefaçon intentée par MM. Rattier
et Guibal, a été repoussé par le tribunal de la justice
de paix, et que ce jugement a été confirmé sur l'appel
par le tribunal de première instance.

SECTION IV.

TAXE A PAYER AU GOUVERNEMENT POUR LES BREVETS.

La taxe à payer pour l'obtention des brevets varie
selon qu'ils sont accordés pour cinq, dix ou quinze ans.
Il n'est pas fait de distinction entre les différentes
espèces de brevets ; ils sont tous soumis à la même
taxe, excepté ceux pour additions et perfectionnemens
à des brevets déjà accordés, qui ne sont soumis qu'à
une taxe légère ainsi que nous allons le voir.

Si toute la somme est payée lors de la demande,
elle se monte :

1° Pour cinq ans, à 300
2° Pour dix ans, à 800
3° Pour quinze ans, à 1,500

4° Pour un perfectionnement à un brevet déjà accordé. 24

5° Pour enregistrement à la préfecture. . . . 12

6° Pour droit d'expédition du titre. 50

7° Pour prolongation, de cinq à dix ans, d'un brevet non encore accordé, la différence entre les deux taxes. 500

8° Pour prolongation de cinq à quinze ans d'un brevet non encore accordé. 1,200

9° Pour prolongation de dix à quinze ans d'un brevet non encore accordé. 700

10° Pour prolongation au-delà de quinze ans, et en vertu d'une loi. 600

11° Pour enregistrement d'un brevet de pro-longation par une loi. 12

12° Pour enregistrement d'une cession de brevet totale ou partielle. 18

13° Pour droit à payer à la préfecture. . . . 12

14° Pour recherche d'une description. . . . 12

15° Droit de communication du catalogue des inventions. 3

Quand l'impétrant veut se prévaloir de la facilité à lui accordée par la loi, et ne payer comptant qu'une partie de la taxe, il doit solder d'abord :

Pour un brevet de cinq ans. 150

Pour un brevet de dix ans. 400

Pour un brevet de quinze ans.   750

Pour l'expédition du titre.   50

Pour droit à la préfecture.   12

Il doit, en outre, souscrire l'engagement de payer dans les six mois du jour du premier versement :

Pour un brevet de cinq ans.   150

Pour un brevet de dix ans.   400

Pour un brevet de quinze ans.   750

Toutes les autres taxes ci-devant énumérées doivent être payées comptant, et aucun délai n'est accordé pour leur acquittement.

Il ne sera pas inutile de faire observer que l'on ne peut jamais contraindre par voies judiciaires le breveté au paiement de l'obligation par lui souscrite; il est entièrement affranchi du moment qu'il déclare renoncer à son brevet, et d'un autre côté, quand le brevet est annulé faute par le breveté d'avoir payé la taxe en temps utile, l'obligation se trouve pareillement annulée. Dans les deux cas, les sommes payées par le breveté sont acquises au gouvernement.

Des perfectionnemens apportés à une invention pour laquelle un autre est breveté, ou sur une chose qui se trouve être dans le domaine public, ne peuvent être brevetés qu'autant qu'on paie la taxe entière, la réduction de la taxe pour perfectionnement n'ayant lieu qu'au profit des brevetés qui, subséquemment à l'obtention de leurs titres, désirent apporter quelques modifications à l'invention qu'ils ont décrite, et s'en assurer le privilége en les faisant annexer à la description primitive.

Les sommes ci-dessus sont toutes payées au gouvernement et ne comprennent pas les honoraires dus aux personnes qui peuvent avoir été chargées pour les parties de les diriger dans l'obtention de leur brevet, ou de rédiger la description et de former la demande.

SECTION V.

PRIORITÉ D'INVENTION.

A partir de l'heure où l'enregistrement de la demande a été fait à la préfecture du département, les avantages que peut produire l'invention sont acquis au demandeur, et aucune personne ne peut, à son préjudice, demander postérieurement un brevet pour le même objet. Ainsi, la date de l'enregistrement établit la priorité de l'invention.

On donne, lors de l'enregistrement de la demande, un récépissé portant le nom du demandeur, et indiquant la nature du brevet demandé, et en outre le folio du registre des brevets qui contient la copie du procès-verbal de réception.

Ce procès-verbal constate non-seulement le jour, mais encore l'heure du jour où il a été dressé, parce que, comme on peut former des demandes dans la province tout aussi bien qu'à Paris, il pourrait se faire, dans le cas où plusieurs demandes de brevets pour le même objet auraient été faites le même jour, qu'il fût impossible d'établir le rang des différentes demandes entre elles, si l'on ne faisait mention que du quantième du mois.

Le fait suivant démontre la nécessité de l'accomplissement rigoureux de cette formalité.

En 1824, le 3 septembre, MM. Calla et Liebert firent enregistrer à la préfecture du département de la Seine une demande pour la même invention, à un quart d'heure seulement de distance. Le brevet fut attribué à M. Calla, dont la demande avait précédé de quinze minutes celle de son compétiteur.

Si deux brevets sont demandés pour une seule et même invention, la priorité d'invention et le droit au brevet sont acquis à celui qui le premier a fait enregistrer sa demande en la manière légale.

Le brevet second en date, s'il était accordé, serait déclaré nul, et si le titulaire essayait de l'exploiter, il pourrait être poursuivi pour contrefaçon du premier brevet et condamné à des dommages-intérêts. Mais, ainsi que nous l'avons vu, les demandeurs de brevets sont avertis par le comité de l'existence d'un brevet antérieur, et il leur est loisible, avant que le brevet ne soit accordé, de retirer le montant de la taxe payée par eux et de renoncer à leur demande.

Si la priorité ne fût résultée que de la date du certificat, les commis des divers bureaux par lesquels le brevet doit passer jusqu'à ce qu'il arrive à la signature du ministre, auraient pu favoriser certaines personnes au préjudice d'autres, et accorder ainsi à une demande plus récente la priorité d'invention qui appartenait à une demande plus ancienne.

Toutes les personnes employées dans les bureaux chargés de la partie des brevets sont tenues d'expédier, et expédient en effet toutes les demandes de brevets à leur tour et sans faveur ni préférence. Mais si le contraire avait lieu, la loi, en attribuant la priorité d'invention à la priorité de demande, a garanti le public contre les effets de la complaisance ou de la partialité.

En ce point, la loi française est plus équitable que la loi anglaise, dont elle diffère essentiellement.

On tient en Angleterre que, dans le cas de demandes formées simultanément pour la même invention par plusieurs individus, celui qui le premier obtient le grand sceau est seul inventeur aux yeux de la loi, d'après cette décision de lord Eldon, chancelier d'An-

gleterre : « Je ne puis voir d'autre motif de me décider
« que d'attribuer le brevet à celui qui remplit le plus
« promptement les formalités prescrites par la loi. »
C'est à mon avis adjuger le brevet comme prix de la
course.

Quelques personnes pensent à tort qu'elles peuvent
établir leurs qualités comme inventeurs, et prendre date
en déposant auprès de quelque société scientifique ou
littéraire un paquet cacheté, contenant la description
de leurs inventions et la manière de les exécuter ; elles
croient leurs droits établis d'une manière incontestable
dès qu'elles ont obtenu un reçu de leur paquet, daté,
signé par le secrétaire de la société et revêtu de son
cachet. Cela pourrait leur assurer le titre honorifique
d'inventeur, mais ne saurait en aucune manière porter
atteinte à une demande de brevet régulièrement formée à une date subséquente.

SECTION VI.

COMBIEN DE PERSONNES PEUVENT ÊTRE INTÉRESSÉES DANS UN SEUL ET MÊME BREVET ?

Anciennement, et aux termes de la loi de 1791, il y
avait une prohibition d'exploiter les brevets par actions,
prohibition qui emportait même déchéance du titre en

càs de contravention. Cette restriction avait été empruntée de la loi anglaise, où elle a été introduite en haine du monopole, et de peur que des associations puissantes par leur crédit et fortes de leurs richesses ne vinssent, à l'aide de leurs priviléges, à accaparer toute une branche de commerce et à ruiner des établissemens préexistans.

Quoi qu'il en soit, cette restriction fut abolie en France par un décret de 1806, comme portant atteinte à la liberté du commerce. Rien dans la loi, telle qu'elle existe aujourd'hui, ne fixe le nombre des personnes qui peuvent être intéressées dans un brevet. Le nombre en est donc illimité, et une compagnie formée pour l'exploitation d'un brevet ne serait soumise qu'aux formalités imposées aux autres sociétés commerciales.

En Angleterre même, où la crainte du monopole existe encore dans toute sa force, on a été obligé de reconnaître que c'était inutilement entraver l'industrie que de limiter à cinq le nombre des personnes qui peuvent avoir un intérêt dans un brevet. Ce nombre a été depuis étendu à douze, et il faut espérer que ce n'est que le premier pas vers l'affranchissement complet de cette branche d'industrie.

CHAPITRE III.

CONDITIONS NÉCESSAIRES A LA VALIDITÉ DES BREVETS.

1° L'invention doit être licite.

2° Elle doit être nouvelle.

3° L'inventeur, perfectionneur ou importateur doit donner une description fidèle et détaillée de ses procédés.

4° Tous les perfectionnemens, les additions, les changemens faits par le breveté postérieurement à son brevet, doivent être décrits et détaillés par lui pour devenir l'objet de brevets de perfectionnement.

5° Après avoir pris un brevet en France, le breveté ne doit pas prendre un brevet pour la même invention en pays étranger.

6° Il doit mettre son brevet en activité dans l'espace de deux années.

7° Il doit payer la seconde portion de la taxe au temps prescrit.

SECTION PREMIÈRE.

L'INVENTION DOIT ÊTRE LICITE.

—

Si un brevet avait été obtenu pour une chose dont l'usage ou la fabrication fût contraire aux lois du royaume ou aux règlemens de police, ou si le breveté en faisait un usage illégal, un pareil brevet pourrait être annulé à la requête du procureur du roi, sans préjudice des poursuites correctionnelles en raison de la gravité des circonstances.

Ceux qui, dans l'hypothèse ci-dessus, auraient obtenu des licences du breveté et qui les auraient exploitées, et tous ceux qui auraient pris part, directement ou indirectement, à l'exploitation d'inventions illicites, seraient considérés comme complices du délit et poursuivis comme tels.

Une invention, quoique licite en elle-même, peut, en raison des lois du royaume, être soumise à quelques restrictions dans son exercice. Ainsi tout imprimeur en France doit être pourvu d'un brevet, et personne ne peut imprimer sans être breveté imprimeur. Telles étant les dispositions de la loi, il en résulte que toutes les inventions ou perfectionnemens relatifs à des presses d'imprimerie, et qui pourraient donner droit à des brevets, n'autoriseraient pas le breveté à s'en servir par lui-même, à moins qu'il ne fût imprimeur ; son droit comme breveté se trouverait limité à la fabrication et à la vente des presses perfectionnées.

Quelques articles ne peuvent pas même être fabriqués sans l'autorisation du gouvernement, tels que les fusils du calibre adopté pour l'armée et les armes de guerre. Il en est d'autres enfin pour la fabrication desquels le gouvernement s'est réservé le monopole, tels que la poudre à canon, les canons, les bombes, les obus et autres objets semblables. Il en est de même de la fabrication du tabac. Des perfectionnemens relatifs aux articles susmentionnés pourraient devenir l'objet d'un brevet, mais le breveté ne pourrait l'exploiter par lui-même et sans l'autorisation du gouvernement.

SECTION II.

L'INVENTION DOIT ÊTRE NOUVELLE.

L'invention n'est pas nouvelle ;

1° Si avant la date de la demande pour le brevet la prétendue invention était en usage ou connue dans le royaume, soit qu'elle eût été exécutée en France ou importée par le commerce.

2° Si l'inventeur lui-même ou quelque autre personne l'avait fait connaître, quand même cette connaissance aurait été obtenue par fraude, ou en corrompant à prix d'argent les ouvriers ou autres personnes qui auraient pu avoir été employées par l'inventeur.

Il est des choses qui sont connues dès qu'on les a mises en vente ; les savans peuvent en découvrir d'autres, au moyen de l'analyse. Un petit nombre d'inventions peuvent échapper à toutes les recherches ; mais, pour qu'on puisse se faire breveter valablement, il faut que l'invention soit nouvelle pour le public. Si l'inventeur a mis en vente un objet manufacturé, et qu'il ait ensuite obtenu un brevet pour le même objet, il a par cela même annulé son titre d'avance, à moins qu'il ne soit à même de prouver que, par l'inspection de l'objet, ou au moyen de l'analyse, personne n'a pu découvrir le procédé employé dans la fabrication.

On sent toute la difficulté, pour ne pas dire l'impossibilité, d'une pareille preuve, qui retombe tout entière à la charge du breveté.

3° Si l'invention, antérieurement à la demande, a été décrite dans un livre, brochure ou papier périodique, publié en France, quand même l'ouvrage serait écrit en langue étrangère. Peu importerait que la description eût été faite à la requête de l'inventeur lui-même, qu'elle eût paru dans les publications de sociétés littéraires ou scientifiques à qui l'inventeur aurait soumis son invention.

4° Si la description de l'invention a été publiée hors de France, en langue vivante ou morte, toujours à une époque antérieure à la demande du brevet français. Mais il faut dans ce cas, comme dans celui qui précède, que l'invention soit réellement décrite; une simple indication, qui n'offrirait qu'un problême à résoudre, ne suffirait pas pour porter atteinte à un brevet pris postérieurement pour le même objet. Jamais le législateur n'a entendu qu'on pût faire annuler des brevets accordés, en tirant de l'oubli des inventions théoriques qui n'avaient jamais été exécutées. Si elles n'avaient existé que dans l'esprit de quelque ingénieur ou mécanicien, si elles n'avaient jamais subi l'épreuve de l'expérience, si jamais elles n'avaient été réellement exécutées, la loi, qui ne considère comme inventions que celles qui ont réellement été mises en pratique, ne priverait pas un inventeur de la récompense due à ses efforts et à ses succès, parce qu'à une époque antérieure un individu aurait conçu la possibilité d'une invention pareille qu'il n'aurait pas mise en pratique.

Mais si le premier inventeur avait réellement exécuté sa découverte et mis en pratique sa théorie, alors la loi n'examine pas si la dite invention a eu beaucoup ou peu de succès, si elle s'est beaucoup ou peu répandue, pour prononcer la déchéance d'un brevet pris pour la même découverte, et à une époque plus récente.

Tout brevet peut donc être annulé, si l'on prouve que l'invention pour laquelle il a été accordé était connue et en usage à une époque antérieure à la demande faite par le breveté, quelque limité qu'ait pu être l'usage ou la connaissance de la dite invention.

Si un inventeur avait mis son invention en exécution, mais qu'il s'en fût réservé le secret, pourrait-il prendre un brevet valable pour la dite invention?

Sans doute, pourvu qu'il n'eût communiqué à personne ses moyens de fabrication, et qu'en examinant l'article produit on ne pût en aucune manière comprendre le procédé employé.

Si l'invention, quoique exécutée à l'étranger sous la protection d'un brevet, était d'une exécution tellement simple, que l'on pût découvrir à première vue les moyens employés, on pourrait la considérer comme étant, par cela même, tombée dans le domaine public, et par conséquent comme ne pouvant pas devenir l'objet d'un brevet valable.

SECTION III.

LE DEMANDEUR DOIT FAIRE CONNAÎTRE LES PROCÉDÉS PAR LUI EMPLOYÉS.

—

Pour prix du privilége que la loi lui accorde, le breveté doit assurer au public tous les avantages résultant de l'invention, pour en jouir après que le brevet est expiré. C'est donc pour la garantie des droits du public que l'inventeur doit fournir la description de son invention. L'inventeur est donc tenu de fournir, par écrit, une description détaillée et fidèle de son invention et de la manière dont on doit en faire usage, dans des termes assez clairs et assez explicites pour faire distinguer la dite invention de toutes choses antérieurement connues, et pour mettre des ouvriers connaissant la partie en état d'exécuter ou d'employer le procédé ou mélange dont s'agit; et dans le cas où il s'agirait d'une machine, il faut qu'il explique en détail le principe et les différentes manières dont il a envisagé l'application du principe, ou le caractère spécial qui la distingue de toutes les autres inventions. C'est ce que l'on appelle en anglais, spécification, et en français mémoire descriptif.

§ Ier.

SPÉCIFICATION OU MÉMOIRE DESCRIPTIF.

—

Les lois anglaise et américaine sont extrêmement sévères relativement aux descriptions que les brevetés doivent fournir. Comme dans ces pays le brevet est accordé à l'inventeur sur le titre ou nom qu'il donne lui-même à son invention, et qu'il n'est tenu de fournir la description et les dessins que dans un délai qui n'est jamais moindre de deux mois et qui peut s'étendre jusqu'à dix-huit, il faut que le nom donné à l'invention se rapporte et coïncide parfaitement avec la description. Si le titre comprend plus que le mémoire descriptif, le brevet se trouve annulé ; si le titre comprend plusieurs inventions connexes et qu'une d'elles ne soit pas nouvelle, la déchéance est prononcée pour le tout. En Angleterre ou Amérique, quelle que soit la prudence du breveté, quelque bien conseillé qu'il soit, il court toujours le risque de perdre son privilége dès qu'il y a procès, en raison de la rigueur avec laquelle la loi est appliquée, et de l'impression défavorable que le mot privilége produit sur l'esprit des juges et du jury.

La loi française, au contraire, est plus favorable aux

inventeurs , et les tribunaux français sont plus disposés à protéger les droits des brevetés. Ils considèrent qu'un homme qui , à ses frais , par des efforts soutenus et après plusieurs années consumées en essais , est parvenu à enrichir sa patrie d'une invention nouvelle , et à augmenter ainsi le bien-être de ses compatriotes, a bien mérité de la société, et s'est rendu digne de toute la protection de la loi.

Comme la validité d'un brevet dépend principalement de la manière dont la description est rédigée , nous indiquerons de suite ce que la loi française exige dans une description.

La description doit révéler et communiquer au public toutes les parties du procédé employé. Il faut ne rien omettre , ne rien recéler, ne rien ajouter qui soit inutile et qui puisse induire le public en erreur. Si le breveté conserve le secret de ses procédés les meilleurs, les plus économiques ou les plus prompts , s'il emploie des moyens qu'il ait omis d'indiquer et de décrire dans son mémoire , ou qu'il n'ait pas déclarés postérieurement, à l'effet de les faire ajouter à sa description primitive au moyen d'un brevet d'addition , de changemens ou de perfectionnement, le brevet obtenu peut être annulé.

Si la spécification est obscure ou incomplète , et qu'un ouvrier connaissant bien la partie ne puisse pas, à l'aide de la dite spécification ou description, construire la machine ou exécuter le procédé dont s'agit, le brevet peut être annulé.

Les brevetés auraient tort de se plaindre de la sévérité de la loi à cet égard ; ce n'est pas, à proprement dire, une peine que l'on prononce contre eux, c'est l'annulation d'un contrat synallagmatique, dans lequel une des parties n'a pas rempli les conditions auxquelles elle s'était obligée à peine de nullité.

Le privilége n'est accordé que sous la condition expresse que le breveté révèlera en entier son secret, de manière à ce que le public puisse, à l'expiration du brevet, faire usage de l'invention d'une manière aussi avantageuse que le breveté lui-même. Si donc la spécification est assez obscure ou imparfaite pour que ce résultat ne puisse être obtenu, le breveté a indûment retenu la chose et le prix. Le public ne reçoit rien en retour du monopole qui a été accordé ; peu importe alors que les défauts de la spécification soient imputés à la ruse ou à l'ignorance, le tort causé au public est le même, et le brevet doit par conséquent être annulé.

Les termes employés pour la description de l'invention sont ceux que le breveté lui-même a choisis. Il a exposé au ministre qu'il a inventé, perfectionné ou importé l'objet dont s'agit, et qu'il est le premier inventeur, perfectionneur ou importateur.

Le ministre, sur cet exposé, lui accorde aux termes de la loi un privilége pendant un temps limité. La loi impose à tout breveté certaines conditions parmi lesquelles se trouve celle de décrire fidèlement l'invention dont s'agit ; si donc l'invention n'a pas été décrite d'une manière intelligible, la cause du contrat manque, et le brevet est annulé.

Il n'est pas rigoureusement nécessaire de faire dans la description une distinction formelle qui sépare ce qui est connu et public, ou ce qui appartient à un autre brevet, de ce qui fait l'objet de l'invention ou du perfectionnement pour lequel le brevet est demandé.

Si l'invention a été clairement et fidèlement décrite, le brevet ne serait pas annulé en France par cela seul que le titre donné à l'invention ne s'y appliquerait pas d'une manière parfaite ; sous ce rapport, la loi anglaise est d'une rigueur extrême. Lord Cochrane prit en Angleterre un brevet pour une méthode perfectionnée d'éclairer les villes et les villages. La cour décida que le titre qui convenait le mieux à l'invention était celui d'une lanterne perfectionnée, et le brevet fut annulé en conséquence. En France, un pareil brevet eût été valide nonobstant le vice du titre, car il était impossible de ne pas comprendre l'invention à la simple lecture de la spécification. La loi française n'annule pas un brevet pour quelque irrégularité dans le titre, pourvu que la description soit claire et intelligible ; mais si la description est inexacte , incomplète, insuffisante, le brevet ne peut manquer d'être annulé.

Quand la description est incomplète , il n'y a pas de privilége pour les parties de l'invention qui ont pu être omises ; si elle est susceptible de deux sens on l'interprète toujours contre le breveté.

L'inventeur doit , dans tous les cas , s'en prendre à son incurie, à son manque de sincérité ou à son ignorance, des défauts qui vicient sa description, et se résigner à en subir les conséquences ; car il a lui-même défini la nature et l'étendue de son invention, et toutes les parties de l'invention qui n'ont pas été comprises dans la description ne sont pas protégées par le brevet, et demeurent dans le domaine public.

Si un breveté , ayant inventé une machine utile au public , peut la construire d'une manière plus avantageuse dans ses résultats que tout autre , et qu'il n'ait indiqué dans sa description que la manière la moins productive, en se réservant le secret de la construction la plus avantageuse , quoiqu'il se soit conformé au texte de la loi en décrivant une machine qui produise les effets voulus, néanmoins il ne s'est pas conformé à son esprit en ne communiquant pas au public la manière la plus avantageuse d'exploiter le privilége à lui accordé.

Le brevet dans ce cas serait annulé , en raison du recel des meilleurs moyens à employer. En effet, le breveté a contracté l'obligation de donner au public les moyens d'exécuter l'invention de la même manière et avec les mêmes avantages , c'est-à-dire avec aussi peu de travail et de frais, qu'il peut le faire lui-même ; s'il recèle quelques moyens de rendre l'opération plus avantageuse ou plus productive , il se rend coupable de mauvaise foi et encourt la déchéance.

Quand nous avons dit que la description devait mettre d'autres personnes en état de faire la chose pour laquelle le brevet était accordé , cela doit s'entendre de personnes ayant une connaissance suffisante de la partie ; car, comme l'a fort judicieusement fait observer lord Ellenborough, supposons un charretier n'ayant aucune connaissance de l'horlogerie , il n'est aucune description qui puisse le mettre en état de faire une montre.

Il suffit que des personnes à talent puissent, à l'aide de la description, comprendre parfaitement le procédé, de manière à pouvoir l'employer après l'expiration du brevet sans être obligé de faire des essais.

De ce que nous venons de dire , il résulte que l'on ne saurait apporter trop de soins à la rédaction du mémoire descriptif. Une grande lucidité , beaucoup d'exactitude, une connaissance parfaite du genre d'invention que l'on veut décrire, une juste application des mots scientifiques et techniques, sont de toute nécessité. La prudence exige en outre qu'on s'éclaire des avis d'un homme de loi versé dans la partie.

Mais quels que soient les défauts de la description, le brevet n'est jamais annulé de plein droit. La décision de la validité des brevets est laissée à l'arbitrage des juges. Le gouvernement n'exerce aucune influence, et le brevet dont la description est vicieuse subsiste jusqu'à ce qu'il soit annulé par les tribunaux.

§ II.

DESSINS.

Il est beaucoup d'inventions et de perfectionnemens qui ne peuvent pas être suffisamment compris par la description seule, des dessins sont souvent nécessaires pour faciliter l'intelligence du texte. En Angleterre, on en a reconnu la nécessité, et le répertoire des inventions brevetées fait foi qu'il n'est qu'un petit nombre de descriptions qui ne soient pas accompagnées de dessins. Ce n'est donc pas sans étonnement que l'on lit dans les annales de jurisprudence anglaise, cette sentence de lord Eldon, homme d'ailleurs d'une science

profonde et d'un jugement sûr : « Un breveté peut,
« s'il le veut, joindre à sa description un dessin ou une
« représentation de son invention ; mais sa description
« doit être suffisante par elle-même, ou sans cela elle
« est mauvaise. » Malgré le respect qu'une décision
pareille doit inspirer aux tribunaux anglais, en matière
de brevets, où la loi est fort peu de chose, et où la jurisprudence et les opinions des juges ont la plus grande
influence, on n'en continue pas moins à fournir des dessins pour la plus complète démonstration des machines
nouvelles. En France, on regarde comme indispensable
d'annexer des dessins pour rendre la description plus
intelligible, surtout quand l'invention consiste en
machines entièrement nouvelles, ou en métiers ou
mécanismes applicables à plusieurs fabrications différentes. Ces dessins doivent être faits sur une échelle
et représenter exactement l'objet de l'invention ; et
quand les machines sont compliquées, les dessins doivent être faits par plan, coupe et élévation. Chaque
partie distincte doit être marquée d'une lettre corres-
pondant à une lettre pareille dans le mémoire descriptif. Les dessins doivent être fournis en **double**
original.

On ne saurait apporter trop de soins à la confection
des dessins, puisqu'ils ôtent, quand ils sont bien **faits**,
toute obscurité à la description ; on doit donc les faire

exécuter par des personnes qui ont fait une étude spéciale de ce genre de travail (1).

Beaucoup de brevets éprouvent des obstacles en raison du peu de soin avec lequel les dessins sont exé-
cutés.

Quand la description est claire et exacte, que les
dessins sont corrects et bien relevés, et qu'il est
aisé de comprendre l'invention ou le perfectionnement,
le vœu de la loi est rempli, et les obligations imposées
aux futurs brevetés sont exécutées. Les inventeurs
joignent quelquefois des modèles et des échantillons.
Un modèle révèle le jeu d'une machine plus complètement que ne peut faire un dessin, et des échantillons
mettent à même de former une opinion plus correcte
de l'article manufacturé. Ces modèles et échantillons
sont déposés au Conservatoire des arts et manufactures, et ne doivent pas être exposés à la vue du public
avant l'expiration du brevet.

Il ne sera pas inutile de faire observer aux étrangers
qu'il n'est pas accordé de délai par la loi française pour
le dépôt des descriptions et des dessins relatifs aux
brevets, ainsi que cela a lieu en Angleterre. En France,
ce dépôt doit être fait au moment même de la demande.

(1) M. Leblanc, dessinateur du Conservatoire, s'est acquis une grande réputation dans cette partie; ses dessins si purs et si corrects rivalisent avec ce
que l'Angleterre nous offre de plus parfait.

SECTION IV.

PERFECTIONNEMENS POSTÉRIEURS AU BREVET.

—

Le breveté qui fait un perfectionnement après qu'il a obtenu son brevet, ou qui fait des changemens ou des modifications à son invention, et qui fait usage de sa machine ou de son procédé avec ces perfectionnemens y appliqués, doit prendre un brevet de perfectionnement. S'il faisait usage de ces perfectionnemens sans avoir obtenu un brevet qui les consacrât, il courrait risque de perdre son brevet, à moins qu'il ne pût prouver que la découverte du perfectionnement est postérieure à la demande du brevet. S'il réussit à faire cette preuve, le premier brevet conserve sa force, mais le perfectionnement tombe dans le domaine public.

Si le breveté ne peut administrer la preuve que le perfectionnement a été découvert postérieurement à la concession du brevet, le dit brevet pourrait être annulé, parce que l'on considèrerait alors que l'inventeur, à l'époque de sa demande, possédait une méthode plus avantageuse de faire usage de son invention et qu'il ne l'a pas communiquée au public dans sa description, qu'il s'est ainsi rendu coupable d'une réticence frauduleuse, ce qui suffirait pour faire annuler le brevet.

SECTION V.

IL EST DÉFENDU DE PRENDRE A L'ÉTRANGER UN BREVET POUR UNE CHOSE QU'ON A DÉJA FAIT BREVETER EN FRANCE.

On ne peut rien dire pour justifier cette disposition de la loi. Elle est contraire aux intérêts du breveté qu'elle frappe d'une incapacité qui n'existe pas pour d'autres personnes.

Car pendant qu'il est interdit au breveté d'obtenir un brevet à l'étranger pour une invention déjà brevetée en sa faveur en France, tout autre individu peut s'emparer de l'invention et la porter à l'étranger, sous la protection d'un brevet d'importation. On voit de là l'inutilité de cette prohibition qu'il est si facile d'éluder. Les brevetés français prennent donc des brevets à l'étranger sous le nom d'autres personnes, ou bien ils commencent par prendre à l'étranger un brevet d'invention, et prennent ensuite en France un brevet d'importation.

On a prétendu qu'une disposition aussi absurde a été introduite dans la loi pour protéger l'industrie française ; on a ajouté qu'il était à craindre que la prospérité de la France ne reçût une atteinte funeste, si des nations étrangères pouvaient se servir de toutes les inventions nouvelles aussi bien que les Français; qu'enfin le breveté français pourrait donner à son invention une exécution plus étendue, si l'on l'empêchait de prendre un brevet à l'étranger et qu'on le contraignît ainsi de consacrer tous ses moyens et tout son temps au succès du brevet français. Je n'essaierai pas de faire ressortir tout ce qu'il y a d'absurdité à supposer que la prospérité d'une nation puisse en aucune manière être nuisible à celle des autres. Il suffira de dire que l'on n'a pas pu jusqu'ici expliquer cette disposition ni la justifier du reproche d'incohérence et d'inutilité; car la loi, qui a cherché à entraver à l'étranger l'exploitation d'une industrie brevetée en France, n'a pas prévu le cas où des brevetés français formeraient en pays étranger des établissemens pour l'exploitation de la même découverte sans y prendre des brevets. Ce cas, qui pourrait être considéré comme plus nuisible à l'industrie française, n'annulerait pas le brevet français.

Il est évident que cette disposition de la loi, ne pouvant être justifiée à aucun titre et pouvant être éludée avec impunité, est complètement inutile, et ne saurait manquer d'être abrogée aussitôt que les chambres s'occuperont d'un projet de loi sur la matière.

Comme toutefois cet article de loi existe et que, par conséquent, les tribunaux doivent en faire l'application, il ne sera pas inutile de faire remarquer que, pour porter atteinte au brevet français, le brevet étranger doit avoir été obtenu après la concession du brevet français, c'est-à-dire après la signature du certificat provisoire. Si donc un brevet était obtenu à l'étranger après la demande, mais avant la concession du brevet français, ce dernier ne serait pas annulé.

Si un co-propriétaire d'un brevet français en prenait un à l'étranger en son nom personnel pour la même invention, et postérieurement à la délivrance du brevet français, cette circonstance annulerait-elle le brevet français ?

Nous pensons que dans cette position le brevet français serait annulé.

Cette cause de nullité d'un brevet est indivisible ; elle frappe le brevet entier ou elle n'existe pas du tout.

Un co-propriétaire indivis, et nécessairement la co-propriété d'un brevet est indivise, possède la moitié dans la totalité, et les dispositions de la loi sont aussi impérieuses pour lui sur sa partie, que s'il possédait le tout. Or, comme sa part ne peut pas être définie, si, par sa faute, le brevet est annulé quant à lui, le brevet se trouve, par cela même, annulé pour le tout, parce qu'aucune division ne peut être effectuée.

Depuis que nous avons écrit ces lignes, nous avons appris qu'un brevet français avait été annulé dans les circonstances suivantes :

M. D*** avait obtenu un brevet pour l'emploi de charbon animal à gros grains dans la décoloration des sirops. Postérieurement il forma une association pour l'exploitation du dit brevet, et son associé prit en Angleterre un brevet pour le procédé sous son nom personnel, sans y joindre le nom de M. D***. La preuve de ce fait ayant été administrée, le brevet français fut annulé par jugement du tribunal de première instance. Ce jugement nous paraît conforme aux principes ; mais la question ne peut pas être considérée comme ayant été tranchée, car le sieur D*** a interjeté appel.

SECTION VI.

LE BREVETÉ DOIT EXPLOITER SON BREVET DANS L'ESPACE DE DEUX ANNÉES.

L'intérêt public exigeait que les inventions brevetées fussent mises à exécution, la justice demandait qu'on accordât au breveté un temps suffisant. L'espace de deux années, à partir de la date, non de la demande, mais du certificat, a été accordé par la loi, et ce laps de temps semble suffisant pour que les brevetés puissent mettre en pratique leurs inventions. Il y aurait perte et dommage pour la société, si l'on permettait à des individus d'entraver toute une industrie, et de paralyser les essais et les efforts d'inventeurs plus entreprenans, par la prise de brevets qu'ils ne se proposeraient pas de mettre en exécution.

Mais, comme des circonstances imprévues et des événemens extraordinaires peuvent empêcher les parties de se conformer aux dispositions de la loi en exploitant leurs brevets dans le délai fixé, la loi admet les brevetés à produire des excuses pour justifier leur inaction.

A qui appartiendra l'appréciation des motifs allégués par le breveté pour échapper à la déchéance prononcée pour cause d'inaction? Nous croyons qu'il faut distinguer :

Si la déchéance, pour non exploitation dans les deux premières années, est demandée par un tiers, qui désire en profiter pour faire annuler le brevet et se livrer sans crainte à l'exploitation d'une invention analogue, c'est devant le tribunal de première instance que la question doit être portée, c'est la seule autorité compétente pour prononcer sur une déchéance demandée par voie contentieuse.

Mais si, à l'expiration du délai fixé pour la mise en activité du procédé breveté, aucune partie ne se présente pour demander la déchéance du brevet, le titulaire, qui, en l'absence de toute attaque, ne peut saisir l'autorité judiciaire d'une demande en maintenue de son brevet, est dans la nécessité de soumettre cette demande à l'autorité administrative, en lui exposant les raisons qui peuvent justifier son inaction, conformément aux dispositions de la loi du 7 janvier 1791.

Il faut bien, en effet, que le breveté puisse s'assurer de la conservation de ses droits avant de se livrer à de nouvelles dépenses, il faut bien qu'il puisse obtenir une prolongation de délai que la loi autorise en sa faveur. Il ne peut être tenu d'attendre qu'un tiers, qui ne se présente pas, vienne exercer une action contre lui, et à défaut d'adversaire, en l'absence de toute contestation, il ne peut que s'adresser à l'autorité administrative, qui a été partie au contrat primitif et le représentant de la nation française, et qui se trouve ainsi juge dans sa propre cause.

Il est donc parfaitement loisible à l'autorité administrative de modifier, aux termes de la loi, les clauses du contrat primitif, en étendant le délai pour mettre en activité l'invention brevetée.

L'autorité administrative est parfaitement compétente pour statuer sur toutes les demandes relatives aux

brevets d'invention, d'importation ou de perfectionnement, qui ne sont pas contentieuses : elle a donc
qualité suffisante pour apprécier les motifs qui doivent
faire accueillir ou rejeter ces demandes.

Lorsqu'elle a prononcé, sa décision forme un droit
acquis pour le breveté, et l'on ne peut remettre cette
décision en question devant les tribunaux, qui n'ont
pas le droit de réviser les décisions administra-
tives.

De simples essais sans aucun produit réel, des ten-
tatives promptement abandonnées, ne sont pas considérés comme une mise à exécution.

La déchéance du brevet n'a jamais lieu de plein droit,
en raison de l'inaction du breveté, car l'administration
ne la prononce jamais : lorsque l'action s'engage devant les tribunaux à la requête d'un tiers qui désire
faire tomber le privilége, le breveté doit être entendu
dans sa défense, et il peut justifier des raisons qui ont
motivé son inaction, et obtenir des tribunaux un sursis ou prolongation de délai.

Si un breveté avait mis son invention en activité
dans les deux premières années, et qu'il eût ensuite
interrompu ses travaux pendant deux ans et plus, la
déchéance ne pourrait pas être prononcée contre lui
en raison de ce fait, car il aurait exécuté la condition
que la loi lui impose, par la mise en activité de son in-

vention dans les deux premières années, et aucune disposition de la loi n'exige une exploitation continue.

Un breveté ne serait pas considéré comme ayant renoncé à ses droits, si pendant plusieurs années il n'avait pas exercé des poursuites contre les personnes qui auraient contrefait son invention ; sa longanimité ne formerait pas contre lui une fin de non recevoir, lorsqu'il lui conviendrait d'exercer des poursuites contre un ou plusieurs des contrefacteurs.

Il serait, en effet, par trop absurde de supposer qu'une personne, qui se serait emparée d'une invention brevetée, pût échapper aux peines prononcées par la loi, tant dans l'intérêt particulier que dans celui de la vindicte publique, en prouvant qu'elle s'était livrée depuis plusieurs années à une fabrication illicite, tandis qu'en raison de la longueur de la contrefaçon, le contrefacteur devrait être et serait infailliblement condamné à une peine plus forte.

Si donc le contrefacteur ne peut avoir acquis le droit de faire usage de l'invention brevetée, à l'aide de contrefaçons nombreuses et long-temps prolongées, encore moins pourrait-il assurer à d'autres une impunité qu'il n'aurait pas pu se procurer à lui-même.

SECTION VII.

LE BREVETÉ DOIT ACQUITTER LE COMPLÉMENT DE LA TAXE A L'ÉPOQUE FIXÉE.

—

Comme le paiement de la totalité de la taxe est une des conditions nécessaires de la concession de brevet faite par le gouvernement, et que le délai de six mois accordé pour payer la seconde moitié est une facilité donnée aux brevetés, il est juste qu'ils encourent la déchéance si le complément de la taxe n'a pas été payé au temps prescrit.

Les brevets devenus nuls pour défaut de paiement de la taxe tombent dans le domaine public, et sont relatés dans une ordonnance royale insérée au *Bulletin des Lois*.

C'est le seul cas où la nullité d'un brevet soit prononcée par l'autorité administrative. Dans toute autre circonstance, l'appréciation de la validité ou de la nullité d'un brevet est laissée à l'autorité judiciaire, qui ne peut prononcer qu'après des débats contradictoires.

On ne peut rien dire pour justifier cet empiètement de l'autorité administrative sur les attributions des tribunaux. Rien dans la loi ne confère ce droit au gouvernement : il demeure donc constant que le législateur a entendu soumettre le cas à la loi commune, qui veut qu'aucun citoyen ne puisse être dépouillé d'un droit acquis à prix d'argent autrement que par une décision des tribunaux. Cette question, sur laquelle il n'est point encore intervenu de décision judiciaire, a déjà fixé l'attention de quelques publicistes.

Nons reproduirons ici deux articles qui ont été insérés, il y a quelque temps, à ce sujet, dans la *Gazette de l'Industrie*, en retranchant toutefois les passages empreints d'une aigreur qu'on doit écarter de toute discussion. On verra avec plaisir et intérêt combien M. Cochaud a déployé d'habileté et d'adresse dans la défense d'une question où le bon droit nous paraît être du côté de son adversaire.

GAZETTE DE L'INDUSTRIE. — MARS 1832.

De l'ordonnance du 8 février 1832, qui annule soixante-onze brevets pour défaut de paiement de la taxe.

« C'est avec une véritable peine que sous le gouvernement de Louis-Philippe nous voyons le ministre du commerce suivre les erremens de l'empire et de la restauration, et attacher le nom du roi à un acte à la fois illégal et arbitraire. Telle est, suivant nous, l'ordonnance du 8 février dernier. En voyant des Français et des étrangers dépouillés par une simple ordonnance de leurs propriétés industrielles, on serait tenté de se demander si la confiscation est rétablie, et si l'article 14 de la Charte de 1814 existe encore avec son odieuse ambiguité. Une ordonnance au surplus ne peut s'appuyer que sur une loi. Or, qu'on nous dise en vertu de quelle loi l'ordonnance du 8 février a été rendue. La citation du texte législatif eût été embarrassante, aussi a-t-on trouvé plus commode de s'en passer.

« L'ordonnance contient deux paragraphes : le premier comprend les noms des brevetés qui ont renoncé à leurs titres et ont refusé de payer la seconde moitié de la taxe. Le ministre leur a donné acte de leur renonciation, et a déclaré libres et tombés dans le domaine public les procédés pour lesquels ils avaient été brevetés ; jusque-là, rien que de légal et de juste.

« Mais le second paragraphe annule pour défaut de paiement de la taxe *soixante-six brevets* auxquels les titulaires n'ont pas renoncé, et cela sans mise en demeure, sans jugement préalable, sans accomplir aucune des formalités que prescrit le droit commun. Existerait-il donc une loi qui ait pour but de soustraire au droit commun les brevetés, et de soumettre à l'administration la décision d'une question aussi importante ? Nullement.

« Que porte en effet la loi de 1791 , la seule applicable à la question ? Titre III , art. 4 : « Si la soumis-
« sion n'est point remplie au terme prescrit, le brevet
« qui a été délivré sera de nul effet, l'exercice devien-
« dra libre, et il en sera donné avis à tous les dépar-
« temens par le directoire des brevets d'invention. »

« On ne voit rien là qui établisse la compétence de l'administration, tout est laissé dans le droit commun ; d'où il faut conclure que c'est aux tribunaux seuls à connaître de la déchéance des brevets pour non paiement de la taxe, et que l'administration est sans droit comme sans qualité pour la prononcer. Vainement, à défaut d'articles de lois, exhumerait-on des cartons du ministère de l'intérieur une instruction ministérielle du 30 octobre 1813, renouvelée le 1er janvier 1817, et s'en prévaudrait-on pour défendre l'ordonnance que nous attaquons ; cette instruction porte : « *La dé-*
« *chéance est prononcée suivant les cas par l'autorité*
« *administrative et par l'autorité judiciaire. Le mi-*
« *nistre de l'intérieur la prononce lorsque le breveté*
« *n'a pas acquitté la taxe dans les délais prescrits,*
« *et lorsque l'inventeur, sans avoir justifié des causes*
« *de son retard, n'a pas mis sa découverte en activité*
« *dans l'espace de deux ans.* »

« A cela nous répondrons avec M. Renouard que cette instruction, bien qu'elle se distribue dans les bureaux du ministère à toutes les personnes qui se présentent pour requérir des brevets, et qu'elle soit destinée à leur servir de guide, n'est point la loi, qu'elle n'a pas caractère pour enchaîner les tribunaux, et que dans aucun cas on ne peut s'en servir pour motiver une ordonnance.

« Mais, dira-t-on, les brevets sont délivrés par l'administration ; ils sont donc des actes administratifs dont l'autorité administrative doit seule connaître. Cette objection n'aurait pas le moindre fondement. C'est ce que prouvent les nombreuses décisions des tribunaux et des cours qui ont annulé des brevets sans que l'autorité ait élevé un seul conflit. Mais pour ne laisser aucun doute à cet égard, nous invoquerons une opinion d'un grand poids, celle de M. Henrion de Pansey, qui dit, page 545, de la compétence des juges de paix : « L'action principale en déchéance des brevets « n'étant pas placée dans les attributions du juge de « paix, doit être portée devant les tribunaux ordi-« naires et non au conseil d'état ; je parle du conseil « d'état, parce qu'une demande en déchéance tend à « l'annulation et au rapport d'un acte administratif. « Mais cet acte, d'une nature toute particulière, « rendu sans examen, n'est ni une décision ni un

« jugement, et, ne pouvant être refusé, ce n'est pas
« un acte libre : par conséquent, on peut le juger sans
« contrevenir à la volonté du gouvernement, sans
« attenter à l'autorité du pouvoir administratif. » Il
faudrait être plus ministériel que les ministres eux-
mêmes pour ne pas convenir qu'un acte, que le conseil
d'état n'est pas appelé à juger, ne saurait être soumis à
la décision d'un ministre.

« On insiste et l'on dit que le brevet n'est parfait et
définitif qu'après que les droits ont été acquittés. La
loi, en accordant un délai pour le paiement de la seconde moitié des droits, n'a eu en vue que de favoriser
les inventeurs, mais elle n'a pas renoncé à ce que
l'entier paiement fût une formalité indispensable jusqu'à l'accomplissement de laquelle le brevet n'a qu'une
existence conditionnelle.

« Il faudrait savoir d'abord de quelle condition on
entend parler. Ce ne peut être de la condition sus-
pensive, puisque le certificat provisoire, délivré au
moins trois mois avant l'échéance de l'obligation con-
tractée pour le complément de la taxe, confère au
breveté tous les droits que pourrait lui assurer le
paiement intégral de cette taxe.

« Entend-on parler de la condition résolutoire, dont
l'effet est de révoquer l'obligation et de remettre les
choses au même état que si le contrat n'avait jamais

existé? Alors il faudrait en conclure que le gouvernement devrait restituer les sommes déjà payées sur le montant de la taxe des brevets, aux termes de l'article 1183 du Code civil, qui porte : « La condition résolu- « toire ne suspend pas l'exécution de l'obligation, elle « oblige seulement le créancier à restituer ce qu'il a « reçu, dans le cas où l'événement prévu par la con- « dition est arrivé. » Ajoutons que la résolution n'a jamais lieu de plein droit et qu'elle doit être demandée en justice.

« Mais enfin, dira-t-on, si le brevet n'est pas accordé sous une condition résolutoire, au moins contient-il implicitement une clause pénale, et c'est en vertu de cette clause que les brevetés, qui ne font pas leur versement dans le temps fixé, encourent la déchéance.

« Pour répondre à ce dernier argument, dont on ne s'empare que parce que l'on ne peut plus soutenir ceux que nous avons réfutés, il suffit d'ouvrir le Code civil. Que dit l'article 1230 ? « Soit que l'obligation primitive « contienne, soit qu'elle ne contienne pas un terme « dans lequel elle doive être accomplie, la peine n'est « encourue que lorsque celui qui s'est obligé soit à « livrer, soit à prendre, soit à faire, est en demeure.» Que résulte-t-il de cet article ? Qu'il faut mettre en demeure le débiteur; c'est ce que le ministre ne fait pas. Conséquemment, la peine n'est pas encourue et les titres subsistent encore entre les mains des brevetés en dépit de l'ordonnance d'annulation.

« M. Renouard, dans son *Traité des brevets*, sans vouloir se prononcer franchement pour les principes que nous venons de professer, avait donné à l'administration le conseil fort sage de solliciter des jugemens de déchéance avant de proclamer la nullité des brevets.

« M. Cochaud, ancien chef de bureau des brevets d'invention, dans son *Instruction théorique et pratique sur les brevets*, reconnaît au ministre le droit de prononcer la déchéance des brevets à défaut de paiement de la taxe. Sans examiner les motifs présentés par M. Renouard, il soumet à ses lumières la solution des questions qui suivent : elles sont au nombre de trois et nous les reproduisons avec la réponse, qui n'est pas bien difficile à faire.

« *Première question.* Un droit que l'administration « exerce sans réclamations depuis plus de trente ans, « ne lui appartient-il pas par l'usage constant qu'elle « en a fait ? »

« *Réponse.* Non certainement, aucun laps de temps ne peut valider ce qui est nul dans son principe. *Quod nullum est ab initio tractu temporis convalescere nequit.* Les actes arbitraires que le ministre a pu commettre, il y a deux, trois, cinq ou dix années, sont, à mon égard, *res inter alios acta*, et ne sauraient devenir une fin de non recevoir contre moi.

« *Deuxième question.* Les tribunaux, qui, dans
« l'exécution des lois, ne peuvent user des ména-
« gemens qu'emploie le ministre du commerce, ne
« traiteraient-ils pas plus rigoureusement les brevetés
« qui font attendre le paiement de la seconde moitié
« de la taxe ? »

« *Réponse.* Le Code civil répond à cette question;
qu'on lise l'article 1183 ; il porte , troisième paragraphe : « La résolution doit être demandée en justice , et
« il peut être accordé au défendeur un délai selon les
« circonstances. »

« *Troisième question.* Quelle utilité y aurait-il à ce
« que l'administration fût occupée sans cesse à provo-
« quer des jugemens de déchéance auprès de tous les
« tribunaux du royaume, sur des faits de non paie-
« ment qu'elle est elle-même plus en état de con-
« naître et de constater, et à constituer le trésor en
« frais ruineux que l'on évite par la marche actuelle? »

« *Réponse.* Cette objection prouverait tout au plus
qu'il est plus aisé de trancher les questions par l'effet
du bon plaisir ministériel que de suivre la loi et de
l'exécuter ; elle prouverait que le régime constitution-
nel n'a pas encore fait de grands progrès, puisqu'on
vient nous déclarer qu'on n'exécute pas la loi, parce

qu'elle offre quelques difficultés dans son application.

« Quoi qu'il en soit, il y a utilité à exécuter la loi. Le ministère n'ayant ni pouvoir ni qualité pour annuler les brevets, ne peut rendre libre l'exercice des industries brevetées ; les brevetés sont toujours à temps, nonobstant les ordonnances d'annulation, de faire le paiement de la seconde moitié de la taxe, car ils n'ont pas été légalement mis en demeure, et l'ordonnance qui annule leurs titres est un acte à la fois illégal et arbitraire. »

Réponse de M. Cochaud au Rédacteur.

« Monsieur,

« Au mois d'avril 1829 je publiai une instruction théorique et pratique sur les lois qui régissent les brevets d'invention, de perfectionnement et d'importation, sur le sens des dispositions qu'elles ont consacrées, et sur le mode de leur exécution, tant en ce qui concerne l'autorité administrative, qu'en ce qui est de la compétence de l'autorité judiciaire ; j'attachais si peu d'importance à cet opuscule que je n'y mis pas mon nom, n'en ayant désigné l'auteur que par le titre et qualité de chef du bureau des manufactures au ministère du commerce, place que je remplissais alors. Vous voyez bien, monsieur, qu'il n'était pas entré dans mon plan ni dans mes vues d'approfondir toutes les questions de la matière, dont quelques-unes sont très-graves, et que je n'avais fait en quelque sorte que les indiquer en y joignant un précis très-sommaire des moyens qui peuvent ou doivent les résoudre. Dans le nombre se trouve celle relative à la déchéance des brevets, prononcée par le gouvernement lorsque dans les six mois de leur délivrance il n'y a pas eu paiement de la seconde partie de la taxe. Après avoir exposé à ce sujet que le ministre traite les brevetés avec une bienveillance toute particulière, leur accordant très-facilement des termes pour leur libération, ne leur donnant jamais moins de deux ou trois avertissemens avant de sévir contre eux, et ne provoquant enfin la déclaration de la nullité de leurs titres et priviléges qu'à la suite d'un an, de dix-huit mois, et souvent de deux années d'attente inutile, j'avais ajouté :

« Quelle que soit la modération avec laquelle l'ad-
« ministration exerce ce droit, il lui est contesté par
« quelques personnes qui le revendiquent en faveur
« de l'autorité judiciaire. M. Renouard, dans son ex-
« cellent *Traité des brevets*, ne se prononce pas for-
« mellement pour cette opinion, mais insinue, page
« 409 et 410 de son ouvrage, que l'administration

« agirait avec plus d'exactitude et témoignerait plus
« de déférence envers les tribunaux, si elle se bornait
« à leur dénoncer le défaut de paiement des taxes, et
« à solliciter des jugemens de déchéance avant de pro-
« clamer la nullité des brevets.

« Sans examiner les motifs qu'il présente, je soumet-
« trai à ses lumières la solution des questions qui suivent.
« Un droit que l'administration exerce sans réclamations
« depuis plus de trente ans, ne lui appartient-il pas au-
« jourd'hui par l'usage constant qu'elle en a fait? Les tri-
« bunaux, qui, dans l'exécution des lois, ne peuvent
« user des ménagemens qu'emploie le ministre du
« commerce, ne traiteraient-ils pas plus rigoureuse-
« ment les brevetés qui font attendre le paiement de
« la seconde partie de la taxe? Quelle utilité y aurait-il
« à ce que l'administration fût occupée sans cesse à
« provoquer des jugemens de déchéance de brevets
« auprès de tous les tribunaux du royaume, sur des
« faits de non paiement qu'elle est elle-même plus en
« état de connaître et de constater? »

« Ainsi, M. Renouard inclinait seulement à penser
qu'à l'autorité judiciaire appartenait le droit de mettre
en déchéance, sur la proposition du gouvernement,
les brevetés qui n'ont pas soldé la taxe au temps prescrit, tandis que je laissais au gouvernement lui-même
l'exercice immédiat et exclusif de ce droit, sans avoir

développé les raisons qui me portaient à ne pas lui en contester la jouissance.

« Moins réservé et moins circonspect, M. *** vient d'embrasser avec chaleur, dans votre feuille, un avis que l'honorable secrétaire-général du ministère de la justice n'avait émis qu'avec hésitation et d'une manière dubitative. Non-seulement il soutient que les tribunaux ont seuls le pouvoir, dans le cas dont il s'agit, de dépouiller de leurs droits les brevetés, mais il n'hésite pas à déclarer que le gouvernement a usurpé, à leur préjudice, une attribution que la loi lui refuse ; il va même jusqu'à dire que la dernière ordonnance rendue en cette matière est arbitraire et illégale, et que malgré ses dispositions, ceux qui étaient propriétaires des brevets annulés peuvent s'en remettre en possession par le paiement de la seconde partie de la taxe.

« Plus l'accusation a de gravité, plus la question qui l'a fait naître mérite d'être examinée avec soin. Voyons d'abord le texte de la loi qui y est relatif.

« L'article 3, titre II de celle du 25 mai 1791, porte que le demandeur d'un brevet pourra, en présentant sa demande, ne payer que la moitié de la taxe, et déposer sa soumission d'acquitter le reste de la somme dans le délai de six mois. Il est expliqué, par l'article suivant, que si la soumission du breveté n'est pas remplie au terme prescrit, le brevet qui lui aura été délivré sera de nul effet, que l'exercice de son droit deviendra libre, et qu'il en sera donné avis à tous les départemens par le directoire des brevets d'invention, que remplace aujourd'hui le ministre des travaux publics et du commerce.

« Aucune autre disposition législative n'est applicable à l'objet qui m'occupe. Or, en retournant dans tous les sens le texte que je viens de citer, y découvre-t-on qu'il donne expressément à l'autorité judiciaire le droit d'annuler un brevet pour défaut de paiement de la seconde moitié de la taxe ? Non. Le confère-t-il formellement à l'autorité administrative ? Non, encore. Ni l'un ni l'autre pouvoir n'y est dénommé, et il n'est pas spécifié quel sera celui des deux qui agira par voie de déchéance contre le breveté en retard de satisfaire son engagement. Que conclure de cette obscurité, ou plutôt de ce silence de la loi ? Qu'il y a lieu de considérer le titre du breveté qui ne se libère pas de sa dette comme nul de plein droit, et par le seul fait de son non-paiement. C'est une conséquence qui a été tirée par plusieurs personnes. Leur opinion s'appuie sur d'assez bonnes raisons, mais elle ne s'est ralliée que peu de partisans, parce qu'elle est trop préjudiciable aux porteurs des brevets. Tout ce qu'on peut induire du rapprochement et de la combinaison des articles 3 et 4, titre II, de la loi du 25 mai 1791, c'est que la prescription finale contenue dans le quatrième article, chargeant l'autorité administrative de donner publiquement avis des brevets qui tombent en déchéance, faute de paiement de la dernière partie de la taxe, sans en faire auparavant déclarer l'annulation par les tribunaux, l'a implicitement saisie du droit de prononcer elle-même cette déchéance, ou au moins par l'intervention du chef suprême du pouvoir exécutif. Qui veut la fin, veut les moyens; et celui qui marche vers un but suit presque toujours, pour l'atteindre, la route qui y mène le plus directement.

« Il est à regretter que cette induction ne se soit présentée à l'esprit de l'auteur de l'article auquel je réponds. Il n'aurait pas laissé sortir de sa plume une accusation fondée uniquement sur quelques observations de M. Renouard, qui ne les avait faites qu'en hésitant, sans en former une opinion fixe et décidément arrêtée. Suffisaient-elles pour proclamer que le gouvernement usurpe un droit qui, légalement, ne lui appartient pas, tandis que la loi ne l'en prive pas plus qu'elle ne le lui accorde d'une manière littérale, expresse et formelle? L'accusateur le pensera d'autant moins, qu'il a mis en fait ce qui est en question, et qu'il a tranché la question par la question elle-même.

« Supposons toutefois, avec lui, qu'il y a eu de la part du gouvernement usurpation primitive à déclarer des brevets en déchéance pour non-paiement de la totalité de la taxe, comment démontre-t-il que cette usurpation doit cesser actuellement? Par un axiome de droit privé applicable seulement aux titres concernant une propriété quelconque, ou à d'autres actes particuliers produits dans des contestations judiciaires, et non à l'obscurité d'une disposition législative; axiome dont le sens est que ce qui était vicieux dans l'origine n'a point pu acquérir de force par la succession des temps. En plaçant la discussion sur ce terrain, M. *** n'a pas senti qu'il s'exposait à être battu par ses propres armes. En effet, j'écarte son axiome par une maxime prise également dans le Code civil, suivant laquelle celui qui possède devient, avec le temps, véritable propriétaire; et j'en conclus que, si le gouvernement a commencé par être usurpateur il y a quarante ans, son usurpation est présentement changée en titre réel et incontestable.

« Faut-il établir avec plus d'évidence que l'axiome invoqué est inapplicable aux actes législatifs? Essayons d'en faire l'application à cette foule de décrets impériaux qui ont altéré les lois, y ont dérogé, les ont modifiées quelquefois sous des rapports très-importans, et y ont souvent introduit des dispositions nouvelles. Il est bien reconnu que, dans le principe, ces actes étaient frappés d'un vice radical, parce que celui qui les avait

rendus n'était pas investi de la plénitude du pouvoir législatif. Le temps, suivant votre maxime, n'en aurait
pas changé la nature, il ne les aurait pas corroborés,
et on devrait les considérer actuellement tels qu'ils
étaient lors de leur promulgation, sans force ni vi-
gueur. Cependant les cours des tribunaux et la cour de
cassation elle-même s'y soumettent et en commandent
l'obéissance ; ils sont devenus de véritable lois, et le
système opposé, qui est le vôtre, porterait des pertur-
bations épouvantables dans presque toutes les branches
de la législation.

« C'est par d'autres principes de droit que la question
est à discuter et à résoudre. Quels sont ces principes,
me demandez-vous ? Ceux auxquels les juges ont recours journellement. Lorsqu'une loi est obscure, am-
biguë dans ses termes, incomplète, insuffisante, etc.,
ils en examinent l'esprit ; ils recherchent l'intention du
législateur qui l'a portée ; ils considèrent principalement l'usage suivi pour son exécution, l'usage qui, au
dire de tous les jurisconsultes, est le meilleur interprète du sens et de la teneur des lois.

« Examinons l'esprit général de la législation sur les
brevets. Quel est-il ? De favoriser les inventions autant
que possible. Le système que je défends est bien en
leur faveur : s'ils n'ont pas de quoi payer, au terme
prescrit, la seconde partie de la taxe de leurs brevets,

le ministre accorde bénévolement six mois, une année, et même de plus longs délais, pour acquitter leur dette. Votre système à vous leur serait-il aussi favorable? Non, certes. Les tribunaux ne pourraient pas user de la même condescendance, et il y aurait beaucoup plus de déchéances de brevets pour défaut de paiement de la totalité de la taxe. Mon opinion entre donc plus que la vôtre dans l'esprit des lois des 7 janvier et 25 mai 1791.

« Si nous recherchons d'un autre côté l'intention des législateurs qui ont rendu ces lois, il ne nous est pas difficile de reconnaître qu'ils ont voulu établir, pour le recouvrement de la taxe des brevets d'invention, une marche simple et dégagée de tous frais de poursuite. Ainsi, lorsqu'un breveté n'acquitte pas sa soumission dans les six mois de sa date, il n'y a à faire ni commandement, ni protêt; la seule peine à prononcer contre lui est la déchéance de son titre. Et vous prétendriez que, pour déclarer cette déchéance, il devrait y avoir assignation, jugement, signification de jugement, etc. ! Ce serait altérer la simplicité de la marche prescrite; ce serait la compliquer horriblement : sur qui d'ailleurs tomberaient les frais? Sur les brevetés, qui sont déjà assez malheureux de ne pouvoir satisfaire à leurs engagemens, sans que vous aggraviez encore leur détresse par les frais d'une procédure inutile? Sur le trésor? C'est une absurdité. Le gouvernement paierait les frais, lui qui aurait raison et gain de cause! Autant vaudrait dire qu'un plaideur supportera les dépens toutes les fois qu'il gagnera son procès.

« Au-dessus de ces considérations s'élève et domine un usage bien respectable, puisqu'il remonte à plus de quarante ans. C'est déjà une forte présomption qu'il n'est pas contraire à la loi. Ajoutons qu'il a été suivi constamment, invariablement, sans aucune réclamation, ni de la part des tribunaux, ni de la part des brevetés mis en déchéance faute d'avoir payé la totalité de la taxe, et on ne doutera plus qu'il ne soit parfaitement légal. Citez une seule décision judiciaire qui, dans ce cas, ait annulé des brevets ; il n'en existe point. Faites connaître des brevetés déchus qui aient réclamé dans le même cas ; jusqu'à présent il ne s'en est pas présenté, quoiqu'on puisse en porter le nombre à près de trois cents.

« Tout se réunit donc pour prouver qu'il n'appartient qu'au gouvernement d'annuler ou révoquer les brevets dont les titulaires n'acquittent pas la seconde partie de la taxe : un usage constant, invariable, paisiblement observé depuis l'émission des lois de 1791, sans qu'il ait excité ni réclamations ni plaintes ; l'intention manifeste des législateurs par qui ces lois ont été rendues, l'esprit qui les a animés, et l'induction qui se tire de combinaison des art. 3 et 4, titre II, de la seconde des mêmes lois. En conséquence, c'est bien à tort que l'administration, qui n'exerce qu'un droit inhérent à ses attributions et qu'aucune des parties intéressées ne revendique, est accusée de faire de l'arbitraire et de sortir des voies de la légalité. »

CHAPITRE IV.

SECTION PREMIÈRE.

DURÉE DES BREVETS.

Le pétitionnaire fixe lui-même le nombre d'années pour lequel il désire obtenir un brevet, au moment où la demande est enregistrée à la préfecture. Il peut à son gré choisir le terme de cinq, dix ou quinze ans, selon l'importance de l'invention et le temps nécessaire pour l'exploiter.

Il lui est loisible, pendant l'intervalle qui s'écoule entre le dépôt et la délivrance du brevet, d'étendre la durée par lui choisie. Mais aussitôt que le certificat est expédié par le bureau des brevets, et revêtu de la signature du ministre, la durée du brevet est invariablement fixée, et aucun changement ne peut plus avoir lieu, si ce n'est de la manière prescrite pour la prolongation des brevets accordés.

SECTION II.

DURÉE DES BREVETS D'INVENTION, DE PERFECTIONNEMENT,
OU D'INVENTION ET DE PERFECTIONNEMENT.

—

Ces brevets sont accordés pour cinq, dix ou quinze années.

Des brevets qui n'ont que cinq ans de durée ne peuvent presque jamais rembourser au breveté les frais par lui faits. Deux ans sont nécessaires pour former un établissement, pour fabriquer un article nouveau, le faire apprécier du public et le répandre dans le commerce. Quelque grand que soit le succès, les profits des trois dernières années peuvent à peine indemniser l'inventeur de la mise de fonds et de la perte du temps employé.

D'un autre côté, si le breveté veut disposer de son brevet, quelque bonne que soit l'invention, il trouvera peu de personnes qui consentent à en faire l'acquisition, en raison du court espace de temps pour lequel le privilége est obtenu. Des personnes à qui l'on offrirait de céder les procédés, même les plus avantageux, qui ne seraient garantis que par un brevet de cinq ans, ne voudraient pas faire de sacrifices pécuniaires, pour l'application de méthodes qui doivent si prochainement tomber dans le domaine public.

La durée de dix ou quinze années est plus susceptible d'offrir des bénéfices au breveté. Les brevets subsistent dans les mains des brevetés jusqu'à l'époque fixée pour leur expiration, à moins qu'ils ne soient annulés par jugement, et faute par les titulaires d'avoir accompli les conditions nécessaires à leur préservation.

SECTION III.

DURÉE DES BREVETS D'IMPORTATION.

Les brevets d'importation avaient été assimilés aux brevets d'invention par un décret de l'empereur Napoléon, en date du 13 août 1810. Il dispose ainsi qu'il suit :

« Voulant mettre en harmonie les articles 3 et 9 de
« la loi du 7 janvier 1791, dont l'un décide que l'im-
« portateur en France d'une découverte étrangère
« jouira des mêmes avantages que s'il en était l'auteur ;
« et l'autre, que la durée de cette jouissance ne pourra
« s'étendre au-delà du terme fixé, dans l'étranger, à
« l'exercice du droit de premier inventeur ;

« Notre conseil d'état entendu, nous avons décrété
« et décrétons ce qui suit :

« La durée des brevets d'importation sera la même
« que celle des brevets d'invention et de perfection-
« nement. Tout particulier qui aura le premier ap-
« porté en France une découverte étrangère est, en
« conséquence, libre de prendre des brevets de cinq,
« dix ou quinze ans, à son choix, en se conformant aux
« dispositions prescrites par les lois des 7 janvier et
« 25 mai 1791. »

Ce décret avait pour objet spécial d'établir d'une manière plus ferme les droits des importateurs ; mais par
une négligence impardonnable, il n'a jamais été publié
légalement, c'est-à-dire qu'il n'a pas été inséré dans
le *Bulletin des Lois*. Il résulte de ce défaut de forme
que ce décret est radicalement nul, et il a été prononcé tel par décision de la cour de cassation. Ce décret
est d'ailleurs entaché d'un vice d'inconstitutionalité
qui devrait suffire pour le rendre nul, car il modifie
des dispositions d'une loi, et il est de principe qu'aucune
loi ne peut être changée ni rapportée que par les pouvoirs dont le concours est nécessaire pour la confection
des lois. Mais ce vice de forme n'empêcherait pas que
le décret, s'il avait été légalement publié, ne reçût
aujourd'hui son application, et ne fût considéré comme
ayant force de loi, car, ainsi que nous l'avons vu précédemment, les empiètemens du pouvoir exécutif sur
le pouvoir législatif ont été tellement nombreux sous

l'empire, que, pour prévenir une perturbation générale dans l'administration de la justice, et pour ne pas créer une lacune immense dans la législation, l'on est convenu de regarder comme obligatoires, et comme ayant force de loi, tous les décrets de l'empereur Napoléon antérieurs à 1814, pourvu qu'ils aient été légalement publiés.

Le décret ci-dessus étant considéré comme non-avenu, les lois sur les brevets, des 7 janvier et 25 mai 1791, doivent recevoir leur application relativement aux brevets d'importation.

Aux termes de ces lois, les brevets d'importation ne peuvent pas s'étendre en France au-delà du temps fixé pour la durée du privilége dans les pays d'où l'invention est importée.

De sorte que si une invention brevetée à l'étranger pour cinq ans seulement, était introduite en France sous la protection d'un brevet d'importation de dix ou quinze ans, les tribunaux français devraient réduire la durée du brevet français au nombre d'années qui resteraient à courir sur le brevet étranger dans le pays où il a été pris.

Car telle est la loi : en dépit de son texte formel, le gouvernement, pour qui le décret de 1810 conserve force de loi, malgré les vices que nous avons signalés, n'en continue pas moins à délivrer des brevets d'importation pour cinq, dix ou quinze ans, sans avoir égard à la durée du brevet étranger. Il ne fait aucune distinction entre les brevets d'importation et les autres espèces de brevets, et se conforme scrupuleusement aux dispositions du décret de 1810, dont nous avons démontré la nullité. Il en résulte qu'en accordant des brevets d'importation pour quinze ans, sans avoir égard à la durée du brevet étranger, le gouvernement assume un droit qu'aucun texte législatif ne lui a attribué. D'un autre côté, les brevets d'importation ainsi accordés présentent bien peu de garantie pour les inventions qu'ils sont destinés à protéger, puisque le texte de la loi leur est évidemment contraire.

Si la difficulté ne pouvait être levée en aucune manière, ce serait un coup fatal porté aux brevets d'importation, qui seraient naturellement considérés comme des titres très-précaires. Mais la demande peut être formée et la description rédigée de manière à rendre l'invention importée indépendante du brevet étranger.

C'est un point très-important et sur lequel les conseils d'un homme de loi versé dans la matière sont on ne peut plus nécessaires.

Ici peut se présenter une difficulté d'un genre nouveau, et qu'aucun des procès auxquels les brevets ont donné lieu depuis quarante ans n'a encore soulevée.

Supposons un brevet d'importation accordé pour quinze ans par le gouvernement, qui reçoit la taxe telle qu'elle est fixée pour quinze ans. Sur procès il est prouvé que le brevet n'a plus que trois ans à courir dans le pays d'où l'invention est importée ; les tribunaux juges de la contestation réduiront la durée du brevet français au terme de trois ans, qui restent encore au privilége accordé en pays étranger.

Jusque-là tout est clair ; mais le breveté qui a payé une taxe entière pour le terme de quinze ans, n'a-t-il pas le droit de réclamer la restitution de la partie de la somme qui excède la taxe de cinq années, qui est la moindre taxe à laquelle un brevet d'aucune espèce soit soumis ? Nul doute qu'il n'ait ce droit, et que le gouvernement ne soit tenu de rendre l'excédant par lui indûment perçu.

Car, aux termes de la loi des 7 janvier et 25 mai 1791, le brevet d'importation devant être fixé, quant à sa durée légale en France, par le nombre d'années de jouissance auxquelles le breveté étranger avait droit dans son pays pour la même invention, le gouvernement, en accordant un brevet d'importation pour le terme de quinze années, a reçu le prix d'un privilége qu'il n'avait pas le droit d'accorder, et qui ne peut être maintenu, quant à sa durée ; il y a donc nécessité de restitution de la part du gouvernement par le fait seul de la réduction du nombre d'années, pour lesquelles la concession de privilége avait été faite.

SECTION IV.

DATE DES BREVETS.

A partir du jour où le certificat provisoire est signé par le ministre, les droits des brevetés commencent. Les années de jouissance commencent à la même époque. Ces droits sont garantis d'une manière aussi efficace par le certificat provisoire que par l'ordonnance royale qui la confirme.

Avec le certificat, le breveté peut poursuivre ceux qui contrefont son invention, obtenir des jugemens et condamnations contre eux, transiger sur les dommages résultant de la contrefaçon, compromettre. Il peut s'associer pour l'exploitation du privilége, transporter ses droits en tout ou en partie, et enfin user de son privilége d'une manière aussi complète et aussi efficace, que si le brevet était confirmé par la sanction royale; car le certificat de demande ayant été une fois accordé, ni le ministre, ni aucune autre personne ne peut refuser l'ordonnance de confirmation, ni s'opposer à sa délivrance. Cette ratification n'est que de pure forme.

C'est le certificat de demande qui constitue tout le brevet, et si on l'appelle provisoire, ce n'est que par respect pour le chef de l'état, au nom de qui les brevets sont proclamés.

SECTION V.

DE LA PROLONGATION DES BREVETS.

—

Les brevets sont très-rarement prolongés en France, et seulement dans des cas qui font exception. Durant quarante années, qui se sont écoulées depuis la promulgation de la loi des brevets, plus de cinq mille brevets ont été accordés, et les prolongations ne s'élèvent pas à plus de trente, dont quatre ont eu lieu sous l'empire, et le reste depuis la restauration jusqu'à ce jour.

On distingue deux espèces de prolongations : la première dans les limites de quinze ans, la seconde au-delà de quinze ans.

§ Ier.

DE LA PROLONGATION DANS LES LIMITES DE QUINZE ANS.

—

Le ministre, qui a dans ses attributions la délivrance des brevets, est investi du droit de prolonger les bre-

vets dans les limites de quinze ans, sans avoir recours
à l'autorité législative. Ce droit, quoiqu'il ne soit pas
écrit dans le texte de la loi, ressort évidemment de
son esprit. En effet, il est tout naturel que le ministre,
qui n'a pas épuisé par la concession faite au breveté
le nombre d'années pour lequel la loi l'autorise à accorder des brevets, puisse, par une concession subséquente, compléter le terme le plus long pour lequel
les brevets puissent être accordés. Mais le ministre est
très-avare de ces prolongations. Elles sont si rarement accordées, qu'il est presque impossible de réus-
sir dans une application de ce genre. Le ministre est le
juge suprême de la question, et soit qu'il refuse ou
qu'il accorde la prolongation, sa décision est sans appel et en dernier ressort.

La prolongation dans les limites de quinze ans sem-
blerait devoir être de droit. En effet, l'impétrant, à
l'époque où il a fait sa demande, aurait pu s'assurer un
privilége pour le terme le plus long, c'est-à-dire pour
quinze ans, il serait donc tout naturel de permettre à
celui qui s'est fait breveter pour un temps plus court d'é-
tendre son privilége jusqu'à l'extrême limite fixée par la
loi. Telle serait la conséquence à laquelle on devrait
arriver, si l'on ne considérait que les intérêts des brevetés; mais comme les brevets confèrent une espèce
de monopole à ceux qui en sont titulaires, et comme

tout monopole, même temporaire, est une atteinte portée à la liberté de tous, qu'elle n'est admise que comme une exception au droit commun, on doit exiger l'accomplissement rigoureux des conditions auxquelles s'est soumis le breveté. En effet, il y a eu contrat entre l'inventeur et le public. Le premier a demandé un brevet de cinq ou de dix ans, et s'est engagé à révéler fidèlement son secret, dont il a abandonné la jouissance au public après le délai qu'il a stipulé lui-même. Le privilége a été accordé, le temps de jouissance est expiré ; le gouvernement a tenu ses engagemens, le breveté n'a plus qu'à tenir les siens ; il n'a plus rien à réclamer, et son secret appartient désormais au public, qui lui en a payé le prix d'avance.

Ce qui rend le gouvernement si difficile en matière de prolongations, c'est qu'on ne les demande que pour des inventions importantes que le public a intérêt à mettre immédiatement en pratique. Les prolongations sont nuisibles au commerce et à l'industrie, parce qu'elles paralysent les entreprises et les spéculations, en forçant le public de différer l'emploi de procédés avantageux, à une époque où tout le monde avait de justes raisons de croire que ce genre d'industrie deviendrait complètement libre.

La taxe que le ministre fait payer pour une prolongation de cinq ans est de 600 francs, conformément au tarif de la loi de janvier et mai 1791 ; du moins, c'est cette loi que l'on invoque toujours dans les concessions de prolongations. Ce tarif, malheureusement, ne s'applique qu'aux prolongations qui ont lieu par une loi, et au-delà du terme de quinze ans. Ce qui prouve que l'administration a tort d'en faire l'application au cas d'une prolongation par ordonnance, c'est qu'il en résulterait une surtaxe pour les brevets de cinq ans portés à dix, et une réduction dans ceux de cinq ans et de dix ans à porter à quinze ans, anomalie qui ne peut pas exister dans la loi.

En effet, la taxe d'un brevet de cinq ans est de 300 fr., prolongation jusqu'à dix ans, 600 fr. ; total : 900 fr. La taxe d'un brevet de dix ans est de 800 f. Il y a au contraire réduction dans le cas d'un brevet de dix ans porté à quinze ans.

Taxe d'un brevet de dix ans. . .	800 fr.
Prolongation jusqu'à quinze ans.	600
Total. . . .	1,400

La taxe d'un brevet de quinze ans est de 1,500 fr. ; mais la différence est encore plus sensible si la prolongation a lieu à l'égard d'un brevet de cinq ans porté à quinze ; alors le brevet avec la taxe de prolongation ne coûte plus que 900 francs, tandis qu'il aurait coûté

1,5oo fr. pour prendre de suite un brevet de quinze ans.

Un résultat pareil ne donne-t-il pas la preuve, que la loi est constamment mal appliquée par l'administration, et que celle-ci ne peut réclamer, en cas de prolongation accordée, que la différence entre la taxe du brevet primitif et la taxe fixée par le nombre d'années auquel le brevet se trouve ainsi porté. Soit un brevet de cinq ans porté à dix, la taxe de prolongation doit être de 5oo fr. ; pour un brevet de dix ans porté à quinze, le droit de prolongation est de 7oo fr. ; ainsi que cela a lieu pour les prolongations qui ont lieu avant la signature du brevet, comme nous l'avons vu ci-devant.

Relativement aux prolongations, il est un point important sur lequel la cour de cassation a prononcé ; c'est qu'aucune prolongation accordée à un brevet d'origine ne peut nuire aux droits acquis aux titulaires de brevets de perfectionnement.

On a vu qu'on ne peut, par un brevet de perfectionnement, s'emparer d'une invention déjà brevetée en faveur d'une autre personne ; tout le droit, conféré dans ce cas à un breveté de perfectionnement, consiste à attacher ses perfectionnemens aux produits fabriqués par l'inventeur primitif. Mais si le brevet de perfectionnement est d'une plus longue durée que le brevet d'origine, dès que la chose est tombée dans le domaine public, le perfectionneur peut exécuter, comme tout autre, l'invention primitive, puisque l'exercice en est libre. Dans cette position, on se demandait, si la prolongation accordée par le ministre devait empêcher le breveté de perfectionnement de fabriquer l'invention primitive, après l'expiration du terme pour lequel le premier brevet avait été accordé. La cour de cassation a décidé que dans ce cas la prolongation ne porterait pas préjudice aux brevetés de perfectionnemens, pour qui seuls elle serait considérée comme non avenue.

§ II.

DES PROLONGATIONS AU-DELA DE QUINZE ANS.

La loi du 25 mai 1791 indique, titre II, article 8, dans quels cas et de quelle manière de pareilles prolongations peuvent être accordées. Cet article dispose ainsi qu'il suit : « Les prolongations de brevets qui, « dans des cas très-rares et pour des raisons majeures, « pourront être accordées par le corps législatif, seu- « lement pendant la durée de la législature, seront « enregistrées dans un registre particulier au directoire « des inventions, qui sera tenu de donner connais-

« sance de cet enregistrement aux différens départe-
« mens et tribunaux du royaume. »

Il résulte de ce qui précède qu'aucune prolongation
au-delà de quinze ans ne peut être accordée que par
une loi ; qu'elle ne peut l'être que pendant la durée de
la législature, c'est-à-dire pour un terme de cinq ans
au plus ; que l'acte qui concède une pareille extension
de terme doit être publié dans la forme des lois et inséré au *Bulletin des Lois*. Il n'y a qu'un seul exemple de
prolongation au-delà du terme de quinze ans, et elle
fut accordée par un décret de l'empereur, en date
du 17 janvier 1814 ; cette prolongation, attaquée
en 1820, fut déclarée valable par la cour de cassation.
Mais la confusion des pouvoirs sous l'empire a été si
grande, et les empiètemens de l'autorité exécutive sur
les attributions de l'autorité législative ont été si nombreux, que la législation et la jurisprudence se sont
accordées pour considérer comme valables et obligatoires tous les décrets de l'empereur qui ont été légalement publiés.

Malgré le respect que doit toujours inspirer un arrêt
de la cour de cassation, l'arrêt de 1820 ne ferait pas
précédent, s'il se présentait un cas analogue, parce
qu'il s'appuie sur des motifs, que la cour suprême n'ad-
mettrait plus aujourd'hui.

CHAPITRE V.

SECTION PREMIÈRE.

DES DROITS DES BREVETÉS.

Les brevetés sont investis du privilége exclusif de se servir de l'objet breveté, de le fabriquer et de le vendre pendant le terme fixé par le brevet, excepté dans des cas particuliers où l'invention, quoique licite, est néanmoins soumise à quelques restrictions, comme nous l'avons démontré, chapitre III, paragraphe I.

Personne ne peut fabriquer ni faire fabriquer l'objet breveté, même quand il n'aurait pas l'intention de l'appliquer au même but ou d'en faire un objet de commerce. Personne ne peut ni vendre, ni détailler des objets semblables, s'ils lui ont été fournis par d'autres que le breveté.

Le privilége exclusif de se servir, de fabriquer et de vendre, est restreint à ce qui fait l'objet du brevet. La spécification ou description détermine seule ce qui est breveté et ce qui ne l'est pas. Tout ce qui a été omis dans la spécification n'est pas breveté. Il n'y a pas de privilége pour ce qui n'est pas décrit, quand même l'objet omis serait obtenu par les mêmes moyens, et comme une conséquence nécessaire de ce qui fait l'objet du brevet. Il n'y a pas de privilége pour une chose semblable, si elle est faite par d'autres moyens, à moins que la chose elle-même ne forme l'objet du brevet.

L'exercice des droits du breveté n'est pas limité au territoire français, en Europe ; il s'étend aussi aux colonies et à toutes les possessions françaises dans toutes les parties du globe, sans qu'on soit obligé, comme en Angleterre, de former à cet effet une demande spéciale et de payer un surcroît de taxe.

Le breveté peut former autant d'établissemens de commerce qu'il juge à propos ; il peut s'associer autant de personnes qu'il désire, et exploiter son privilége conjointement avec elles. Il peut céder le droit d'exploitation dans une ville ou un département désigné, ou dans plusieurs départemens, pour tout le terme de son privilége ou seulement pour un certain nombre d'années. Il peut disposer de son brevet par donation entre vifs, testament, ou de toute autre manière. S'il décède en pleine jouissance de ses droits, ils sont transmis à ses héritiers de la même manière que ses autres biens et suivant les lois du pays. Dans les sociétés formées pour l'exploitation des brevets, l'autorisation du gouvernement est nécessaire, comme dans toutes entreprises commerciales du même genre, à moins que quelques-uns des associés ne soient en noms, et par là ne se rendent garans de toutes les dettes.

Si le brevet est exploité par une société anonyme, et au moyen d'actions, il faut s'adresser au gouvernement pour obtenir son approbation. Elle n'est jamais refusée pourvu que l'invention du breveté ait quelque importance, et que les statuts de la société soient sagement rédigés, et propres à assurer la conservation des intérêts des actionnaires.

Quand le brevet est exploité par actions au porteur, ceux qui les ont prises ne sont jamais tenus de payer au-delà du montant nominal des actions pour lesquelles ils ont souscrit, aucun appel de fonds ne pouvant être obligatoire pour les porteurs d'actions.

SECTION II.

DES DROITS DU PUBLIC CONTRE UN BREVET.

ACTION PRINCIPALE EN DÉCHÉANCE.

Aussitôt qu'un brevet a été accordé, tout le monde a le droit d'intenter une action pour en faire prononcer la nullité. C'est cette action qui est appelée action principale en déchéance. Elle s'introduit sans préliminaire de conciliation par assignation au tribunal de première instance.

Le procureur du roi, qui agit au nom de la société en général, peut diriger une action fondée sur les inconvéniens qui pourraient résulter de l'exploitation de l'invention, ou sur ce qu'elle est contraire à la loi.

Le gouvernement a une action spéciale pour cause de non-paiement de la seconde moitié de la taxe. Cette action lui appartient exclusivement, parce que le gouvernement seul a droit de demander et de recevoir le paiement de la dite somme.

L'action résultant d'un manque de sincérité ou d'omissions graves dans la spécification, du défaut de nouveauté, de la non exécution pendant les deux premières années, ou de l'obtention subséquente d'un brevet en pays étranger pour la même invention, appartient à tout le monde.

Toute personne, avant de commencer une entreprise commerciale qui demande l'emploi de fonds considérables, a le droit de s'assurer si le privilége supposé existe ou non. En effet, comme le breveté proclame son droit exclusif, les personnes intéressées dans un genre de commerce avec lequel l'invention brevetée peut avoir plus ou moins de rapport, craignent constamment d'enfreindre le privilége du breveté, et d'être poursuivies judiciairement et condamnées comme contrefacteurs.

Ce serait en vain que le breveté dirait à la personne intentant contre lui une action en déchéance : Pourquoi venez-vous attaquer mon privilége? Vous croyez que mon brevet a été obtenu d'une manière subreptice, ou sous de fausses représentations, et que mon invention supposée n'offre rien de nouveau, vous assurez que votre conviction à cet égard est fondée sur des preuves matérielles et incontestables. S'il en est ainsi, servez-vous de l'invention que j'ai fait breveter, et quand je vous poursuivrai, vous pourrez opposer la nullité du brevet, et je serai déclaré non recevable.

Une telle défense ne serait jamais accueillie. Comme le breveté a obtenu un monopole pour l'invention, et comme, par cela même, il est interdit à tout le monde de s'en servir pendant la durée du privilége, si l'invention était réellement connue avant la demande du brevet, le breveté a usurpé un droit qui appartenait à tout le monde; et une action en déchéance doit appartenir au public en général, puisque tout le public est dépouillé de partie de ses droits par l'usurpation du breveté.

L'action principale en déchéance ne peut être intentée

que devant le tribunal de première instance, et si les moyens de nullité que l'on invoque consistent dans le défaut de nouveauté, nul témoignage oral ou écrit ne pourra être admis comme preuve; le tribunal n'accueille, dans ce cas, que les preuves tirées d'ouvrages imprimés contenant la description de l'invention dont s'agit.

La loi ne fait aucune distinction relativement au pays et à la langue dans lesquels l'ouvrage a pu être publié, ni au genre de publication; l'ouvrage doit toutefois avoir été publié avant l'enregistrement de la demande du brevet.

Le procès est jugé en audience publique par les président et juges composant le tribunal; mais sans intervention de jury, qui n'est pas appelé en France à connaître des procès civils. Si le brevet est déclaré valable, le demandeur en déchéance est condamné aux dépens.

Si la déchéance est prononcée, le brevet est déclaré nul, et le breveté est condamné aux dépens.

Quelle que soit la décision du tribunal, les parties peuvent en interjeter appel dans les trois mois à partir du jour, où le jugement a été signifié à partie ou à domicile. Un dernier recours est ouvert à la partie qui est condamnée par la cour royale. Elle peut se pourvoir en cassation. Cette cour ne juge jamais aucun procès, mais elle décide si les cours d'appel ont fait une juste application de la loi ; dans ce cas, le pourvoi est rejeté et la partie condamnée aux dépens et à une amende de 150 fr. Dans le cas contraire le jugement ou arrêt est annulé et la cause renvoyée devant une autre cour royale pour y être jugée. Si le brevet est sorti victorieux de ces épreuves judiciaires, ce premier succès n'empêche pas qu'une autre personne ne puisse en contester plus tard la validité par les mêmes moyens.

Si le brevet est déclaré nul par un arrêt de cour royale, devenu définitif soit par le rejet du pourvoi en cassation, soit parce qu'il n'a pas été déféré à la cour de cassation en temps utile, le brevet est annulé irrévocablement, et le breveté ne peut plus en soutenir la validité devant aucun tribunal.

La raison de cette différence résulte de la nature du titre dont le breveté est investi ; il se met en hostilité avec tout le monde, et à toutes les attaques il oppose son brevet comme un bouclier. Tant que son titre demeure entier, il jouit des priviléges qu'il confère, mais il n'en est pas moins exposé à des attaques journalières qu'il faut qu'il repousse constamment ; vingt procès en déchéance gagnés n'assureraient pas la réussite de la défense à une vingt-unième attaque. Mais que le breveté succombe une fois, et soit condamné à la déchéance par un arrêt devenu irrévocable, dès lors son bouclier est percé de part en part, son titre est anéanti, et le *Bulletin des Lois* proclame la cessation du privilége, et l'affranchissement de l'industrie qui y avait été soumise.

L'action principale en déchéance présente, quant au genre de preuves admises, et aux juges qui la décident, une différence marquée avec l'exception de déchéance, qui peut être opposée comme défense à une action en contrefaçon intentée par le breveté, ainsi que nous le verrons ci-après.

SECTION III.

DE LA COMMUNICATION DES DESCRIPTIONS.

Le droit, que chacun a d'intenter une action en déchéance d'un brevet, serait inutile, ou même dangereux dans son exercice, si l'on ne pouvait se former d'avance une opinion correcte, quant à la nature de l'invention et à la validité du brevet en lui-même. Aussi, la loi permet à chaque citoyen français de consulter la liste des brevets accordés par le ministre et confirmés par ordonnance royale. Il peut aussi examiner les spécifications et les plans des dits brevets; toutefois il est tenu d'exposer ses motifs, qui doivent être autres que ceux de simple curiosité. On peut alléguer la crainte d'en-

freindre involontairement un brevet antérieur; le désir
de s'assurer si des poursuites que l'on peut avoir com-
mencées, ou que l'on se propose de commencer, sont
bien fondées; l'intérêt que l'on peut avoir à se convaincre
que le brevet accordé n'est pas pour une méthode, ou
un procédé qui soit déjà connu, ou déjà breveté; ou
la crainte que l'on peut avoir de perdre son temps,
ou son argent, en s'occupant d'une invention que le
breveté pourrait plus tard considérer comme une contrefaçon.

Dans tous ces cas, la loi a décidé que des renseignemens, qui peuvent être si utiles aux parties, doivent
leur être fournis toutes les fois qu'elles allèguent des
motifs plausibles.

Telle est la règle générale. Il y a des cas exception-
nels où la spécification n'est pas communiquée au public; c'est quand le breveté, ayant pensé que des raisons
commerciales et politiques exigeaient que son invention fût tenue secrète, s'est adressé aux pouvoirs
législatifs pour développer ses motifs, et a obtenu une
décision particulière sur ce sujet. Cette décision est
proposée, discutée et adoptée de la même manière
que toute autre loi. Elle peut porter non-seulement
que la spécification sera tenue secrète, mais elle peut
aussi enjoindre à l'auteur de garder le secret de son invention même après l'expiration du privilége.

Dans ce cas, des commissaires doivent être nommés pour s'assurer par l'examen de la méthode ou du procédé que la description est exacte ; sans que toutefois l'inventeur cesse d'être responsable de l'exactitude de sa description.

Telle est la disposition de la loi de 1791, qui n'a jamais recu son application, et qui ne paraît pas encore avoir été invoquée.

Et cependant quelques descriptions ont été mises au secret. Il paraît que l'on s'est complètement affranchi de la gêne imposée par la loi de 1791. Jamais l'on ne s'est adressé au pouvoir législatif pour obtenir qu'une description fût tenue secrète. Il n'a pas été nommé de commissaires, ainsi que la loi le prescrivait. Le ministre s'est contenté d'ordonner, sur la demande des parties, que la description ne fût pas communiquée, et elle a été mise au secret.

Cependant, comme cette disposition de la loi des brevets n'a jamais été révoquée, et qu'elle impose des formalités comme conditions de la mise au secret d'une description, formalités dont l'administration a cru pouvoir s'affranchir, il en résulte que les ordonnances ministérielles, par suite desquelles les descriptions sont tenues secrètes, sont des ordonnances rendues par un ministre hors des limites de ses attributions, puisque la loi n'appelle pas le gouvernement à prononcer sur de

pareilles demandes. Ces ordonnances sont donc essentiellement nulles, et tout citoyen se trouve en droit,
nonobstant de pareilles ordonnances, de demander et
d'obtenir communication des descriptions qui ont été
soustraites illégalement aux regards du public.

Nous avons dit, qu'en général, le public pouvait prendre communication des brevets aussitôt qu'ils avaient
été accordés; mais nulle communication n'est donnée
des brevets non encore délivrés, ni de ceux qui n'ont
pas été encore confirmés par ordonnance royale.

Les étrangers doivent se faire assister par un Français.

Il paraît surprenant que les étrangers, que la loi
de 1791 admet indistinctement à prendre des brevets
en France, et qui jouissent, à cet égard, de la même
faveur que les Français eux-mêmes, n'aient pas le
droit d'examiner les spécifications et les plans des
brevets déjà accordés, à moins d'être assistés par un
Français; surtout quand de pareils renseignemens sont
encore plus nécessaires aux étrangers qu'aux Français,
qui connaissent mieux les améliorations les plus ré-
centes, que chaque branche d'industrie a éprouvées
dans leur pays natal.

Il n'y a pas de disposition dans la loi française qui
dépouille formellement les étrangers d'un pareil droit,
mais l'administration française leur refuse tout rensei-

gnement de ce genre, à moins qu'ils ne se fassent assister par un Français ; tel est l'usage invariablement suivi dans le bureau des brevets, et les étrangers sont tenus de s'y soumettre.

La taxe à payer pour l'inspection du catalogue des brevets est . . . .   3 fr.

Pour l'inspection des descriptions
et des dessins. . . . .   12 fr.

Il est interdit aux personnes, qui consultent les plans et les spécifications des brevets non encore expirés, d'en prendre des copies, ni même de faire des extraits. Cependant, dans les discussions judiciaires et dans d'autres occasions où il peut être nécessaire d'obtenir une copie officielle des spécifications et des plans des brevets, afin d'éclairer la justice, une demande, à cet effet, doit être adressée au ministre du commerce, qui, prenant en considération les raisons alléguées, peut ordonner qu'une copie des spécifications et des dessins soit faite et délivrée au demandeur. Il pourrait arriver aussi que le titulaire d'un brevet vînt à perdre son certificat de demande ; le ministre peut ordonner, dans ce cas, qu'il en soit fait une seconde expédition pour être remise au titulaire.

SECTION IV.

TRANSFERT DES BREVETS.

—

Tous les brevets, sans exception, peuvent être transférés par les brevetés eux-mêmes, ou par des personnes agissant en leur nom et en vertu de leurs pouvoirs. La cession peut être faite du brevet entier, ou d'une partie seulement, elle peut être faite pour le temps restant à courir, ou seulement pour une partie de ce temps.

Tous les actes de transfert, pour être valables en France, doivent être faits d'une manière particulière et selon les formes prescrites par la loi française. Toute cession de brevet doit être faite par acte. devant notaire. Cet acte doit être ensuite enregistré à la préfecture du département où les parties ont leur domicile, si toutefois elles ont leur domicile dans le même département, ou à la préfecture de leur département respectif, si elles ne demeurent pas dans le même département.

Si les deux parties demeurent hors de la France, l'enregistrement peut se faire à Paris, à la préfecture de la Seine. Le transfert doit être enregistré de la même manière que la demande d'un brevet; et pourvu que les formes ci-dessus détaillées aient été régulièrement observées en dressant l'acte de transfert, l'enregistrement ne peut jamais être refusé. Au trimestre suivant, la cession est proclamée par ordonnance royale, de la même manière que les brevets eux-mêmes.

L'obligation imposée au cessionnaire de faire enregistrer la cession est la seule dont il soit tenu, et la cession est alors valable envers et contre tous; car ni le cessionnaire ni le cédant ne sont chargés de la publication de la cession. Et si, par erreur ou oubli, on avait omis d'en insérer la confirmation dans l'ordonnance de publication des brevets, ce défaut de publication ne pourrait pas être opposé au cessionnaire, qui se trouve valablement saisi, du moment qu'il a rempli les formalités que la loi lui a imposées.

L'inexécution de ces formalités, exigées pour la protection du public, ne peut pas être opposée par une des parties à l'autre, leurs héritiers et ayant-droits. Ils ne pourraient invoquer une exception qui n'a pas été introduite en leur faveur. Toutefois un transfert irrégulier ne confère au cessionnaire, relativement aux tiers, aucun droit sur le brevet; et malgré un premier transfert fait irrégulièrement, si le breveté en fait un second qui soit régulier, la seconde cession devrait recevoir son exécution malgré l'existence du premier transfert; mais le premier transfert, quoiqu'il n'investît pas l'acquéreur de la propriété du brevet, lui donnerait le droit de recouvrer de son vendeur le prix payé, les dépenses encourues,, et en outre des dommages et intérêts.

Une personne, propriétaire d'un brevet primitif, auquel plusieurs autres brevets ont été annexés pour améliorations, additions ou changemens, ne peut pas transférer le brevet primitif sans transférer en même temps les brevets d'additions; elle ne peut pas non plus transférer les brevets d'additions en se réservant le brevet primitif, le tout étant considéré comme un seul et même brevet.

Si l'acte de transfert est passé dans un pays étranger, il faut néanmoins qu'il soit fait par un notaire, dont la signature doit être ensuite légalisée par le consul français résidant dans la ville où le transfert a été fait : la signature du cédant doit être certifiée par la signature de deux témoins, outre celle du notaire. Il faut ensuite envoyer cet acte en France, le faire traduire par un interprète juré, le déposer au nombre des minutes d'un notaire français, qui en délivre une expédition qui sera aussi légale et aussi obligatoire que si l'acte eût été fait en France. Ce transfert doit aussi être enregistré et publié dans la manière susmentionnée.

Il serait plus expéditif et moins coûteux de faire dresser l'acte en français par devant un notaire étranger, dont la signature serait ensuite certifiée par un consul français; alors il deviendrait inutile de faire traduire l'acte et d'en faire le dépôt chez un notaire français, et il suffirait de le faire timbrer à l'extraor-dinaire et enregistrer comme il a été dit ci-dessus.

Pour la commodité des personnes qui demeurent hors de la France, et qui peuvent être propriétaires de brevets français et vouloir en opérer le transfert, j'ai donné dans l'appendix la formule d'un acte de transfert qui sera valable en France.

Les étrangers, qui ont obtenu des brevets français et qui en font le transfert, ne savent pas toujours qu'en France il y a un droit d'enregistrement exigé par le gouvernement, lequel s'élève à deux pour cent sur le montant du prix stipulé. Pour échapper à ce droit, il est d'usage d'insérer dans l'acte ostensible du transfert une somme nominale, et qui ordinairement ne dépasse pas le coût du brevet, quelles que soient d'ailleurs les stipulations particulières des parties.

Le transfert d'un brevet français peut être fait en France au nom du breveté par le porteur d'un pouvoir en règle de sa part. Les formes prescrites pour la validité du transfert des brevets doivent aussi être suivies à l'égard du pouvoir : il doit être dressé par un notaire et deux témoins, et la signature du notaire doit être certifiée de la même manière que nous avons indiquée pour l'acte de transfert.

Comme le transfert d'un brevet doit être accepté

par le cessionnaire, sa présence et sa signature sont requises pour rendre le transfert définitif ; cependant il peut autoriser une personne à accepter en son nom la cession, et alors le transfert est complètement effectué. Les mêmes formes sont requises pour ce pouvoir que pour le pouvoir dont a été parlé ci-dessus.

Rien dans la loi française ne limite le nombre de personnes auxquelles un brevet peut être transféré. C'est pourquoi nulle autorisation législative n'est requise pour faire un transfert à plus de douze personnes, comme l'exige la loi anglaise ; au contraire , le nombre de personnes qui peuvent prendre un intérêt dans un brevet français est illimité.

Tout ce qui a été dit touchant les formes à suivre pour la validité du transfert d'un brevet s'applique aux licences , excepté l'enregistrement à la préfecture, qui n'est pas nécessaire.

Les brevets peuvent aussi être transférés par jugemens des tribunaux :

1° Dans le cas d'une faillite , le jugement qui déclare le breveté en faillite transfère tous ses biens à ses créanciers, et parmi les biens , et comme en faisant une partie , le brevet.

2° En cas que le brevet ait été obtenu frauduleusement, le tribunal peut, la fraude une fois prouvée, transférer le brevet au véritable propriétaire : il en est de même dans le cas d'une contestation purement civile sur la propriété d'un brevet ; le tribunal appelé à connaître de la question attribue, par sa décision, le brevet à qui de droit.

3° Dans le cas d'une saisie opérée sur les biens du breveté, et d'une vente aux enchères opérée subséquemment, le brevet est alors transféré à l'acquéreur par l'autorité du juge, qui a ordonné la vente.

Dans tous ces cas, celui à qui le brevet est transféré est tenu de faire enregistrer l'acte qui le lui a conféré, de la même manière que si le transfert avait été fait par le consentement mutuel des parties. Ainsi donc, quelle que soit la manière dont un brevet change de propriétaire, soit par vente volontaire ou vente forcée, soit par donation entre vifs, par testament, ou par droit héréditaire en absence d'un testament, l'acte translatif ou déclaratif de propriété doit être enregistré au secrétariat de préfecture du département, où réside celui à qui le brevet est transféré, et l'insertion légale, confirmative de la transmission du brevet, est faite ensuite dans le *Bulletin des Lois* par l'autorité administrative.

Il arrive souvent qu'une société commerciale est formée pour l'exploitation d'un brevet : dans ce genre d'opération, le brevet forme ordinairement la mise sociale de celui qui l'apporte, les autres associés ne fournissant que les fonds. Il est nécessaire dans ce cas, pour saisir la société de la propriété du brevet, qu'il y ait transfert, à son profit, du brevet, et que le dit transfert soit enregistré et publié dans le *Bulletin des Lois;* autrement le breveté conserverait toujours la propriété du brevet, et pourrait en opérer la vente au préjudice de la société. Il suit de là, qu'un acte de société sous signatures privées, contenant stipulatation de mise en société d'un brevet, ne dépouille aucunement le breveté de son privilége, et ne confère à la société aucun droit sur le brevet, tous les actes de transfert devant être faits par devant notaires.

Il est donc indispensable que les bailleurs de fonds, avant de verser des capitaux pour exploiter une invention brevetée, aient soin de faire faire, au profit de la société, une cession en règle du brevet.

SECTION V.

LES CONSÉQUENCES DU TRANSFERT D'UN BREVET.

Si le breveté fait une cession légale de ses droits, soit pour la totalité soit pour partie, le nouveau possesseur, en remplissant les formalités énumérées dans la section précédente, jouira du brevet aussi pleinement et aussi avantageusement que le premier propriétaire.

Il peut profiter de la facilité accordée au breveté d'obtenir des brevets pour perfectionnemens en payant la taxe réduite, et il est légalement tenu de communiquer tous les changemens et toutes les modifications qu'il fait dans le système breveté, et de demander des brevets d'additions et de changemens.

Il est tenu pareillement de ne pas prendre de brevet en pays étranger, postérieurement à l'obtention du brevet français, sous peine de perdre son privilége en France.

Il peut poursuivre ceux qui portent atteinte à son privilége, d'une manière aussi efficace que l'aurait pu faire son cédant ; d'un autre côté, il peut être poursuivi, et peut perdre son brevet, s'il s'en sert d'une manière contraire aux lois du royaume, ou aux règlemens de police.

Il est tenu de maintenir les concessions partielles faites par le premier titulaire, pourvu qu'elles soient constatées par acte authentique. S'il n'était pas fait mention de ces licences ou concessions partielles, dans l'acte de transfert qui lui a été consenti, le cessionnaire peut exiger des dommages-intérêts, ou même la résiliation de l'acte de cession, en raison de la réticence frauduleuse commise à son égard.

Un breveté, après avoir cédé tous ses droits à un

tiers, ne peut pas alléguer, comme défense à des poursuites pour des contrefaçons par lui commises en violation du privilége cédé, que le brevet qu'il a vendu,
et dont il a reçu le prix, est nul et de nul effet; en vain
offrirait-il de prouver que l'invention n'était pas nouvelle au moment que le brevet a été accordé, sa qualité
de cédant lui interdirait ce genre de défense, et il ne
pourrait échapper à une condamnation pour contrefaçon.

Si le brevet est déclaré nul, le breveté ne peut pas
exiger l'exécution d'un contrat passé par lui avec un
tiers, dans la croyance que ce brevet était valable.

De même, si une personne a fait une convention
avec un breveté pour l'usage de son invention brevetée,
et que le brevet soit déclaré nul, la convention est annulée, parce que si les faits de la cause démontrent que
le brevet supposé n'était pas valable, celui à qui une
partie du droit a été transmis n'a pas reçu les avantages
qu'il avait stipulés en sa faveur.

Ce cas a beaucoup d'analogie avec le cas d'un propriétaire et d'un locataire; aussi long-temps que le locataire jouit, en vertu du bail, de la chose louée, il ne
peut pas contester les droits du propriétaire pour se li-
bérer des charges imposées; mais quand le locataire est
évincé de la chose à lui louée, il a le droit de prouver
qu'il a cessé de jouir de ce qui était la cause du paie-

ment du loyer, et que, la jouissance cessant, la convention de payer est par cela même annulée.

Qu'une personne fasse une convention avec un breveté pour la concession de son invention brevetée, le brevet étant considéré comme valable par les deux parties, si une somme d'argent a été payée pour l'usage de la dite invention, cette somme ne peut pas être répétée, s'il est prouvé que l'invention était connue antérieurement à la demande du brevet, pourvu que les deux parties aient agi avec une égale bonne foi.

Mais si une portion seulement du prix avait été payée au breveté, il ne pourrait exiger le paiement du reste, parce que du moment que le brevet aurait été déclaré nul, le vendeur ne pourrait plus maintenir son acquéreur en jouissance de la chose cédée.

SECTION VI.

CONTREFAÇON.

Qu'est-ce qui constitue une contrefaçon? C'est la violation du privilége garanti par le brevet. En quoi consiste-t-elle? Elle varie selon la nature du brevet, s'il est pour invention, pour perfectionnement, ou pour une combinaison nouvelle de mécanismes connus, ou de machines existantes.

Quand le brevet est pour l'invention d'une machine entièrement nouvelle, et que la machine est essentiellement nouvelle dans sa construction, si quelqu'un l'a imitée dans une ou plusieurs de ses parties, il a par cela même privé l'inventeur d'une partie de son droit exclusif, il a porté atteinte à son privilége, et s'est rendu coupable de contrefaçon.

Quand le brevet est pour plusieurs perfectionnemens distincts apportés à une machine existante, ou pour plusieurs améliorations distinctes dans des machines différentes, mais qui ne forment que les parties nécessaires d'un seul système, si une personne imite un des dits perfectionnemens, il viole le droit exclusif du breveté ; car le brevet protége toute l'invention, et l'invention comprend toutes les améliorations ; et une action appartient au breveté pour la contrefaçon des perfectionnemens, même quand on n'aurait pas imité la totalité des perfectionnemens compris dans le brevet.

Un exemple éclaircira ce point : prenons le cas d'un auteur victime d'un plagiat. On n'a jamais supposé qu'il fallût, pour qu'on pût poursuivre en contrefaçon, que le livre entier fût contrefait ; on a toujours considéré qu'il suffisait qu'une portion considérable du livre fût copiée, pourvu que les parties ainsi contrefaites fussent celles dont le plaignant était vraiment et réellement l'auteur. Certainement, un simple extrait ne constituerait pas une contrefaçon, mais si la substance du livre était prise, ou si une grande partie de l'ouvrage était copiée, de manière à ce que la partie contrefaite pût remplacer l'original, et faire un tort considérable à la propriété littéraire de l'auteur, il y aurait contrefaçon ; et une action en dommages-intérêts appartiendrait à l'auteur, injustement dépouillé de sa propriété.

Quand un brevet est pour une nouvelle combinaison de mécanismes connus, ou de machines existantes, et seulement pour la combinaison, sans aucun droit sur les machines mêmes, si cette combinaison est copiée, le breveté a droit de réclamer des dommages-intérêts, quoique les dits mécanismes puissent être employés séparément ou d'une autre manière sans enfreindre son privilége, parce que le brevet est seulement pour la combinaison.

Il est souvent très-difficile de décider si telle machine est construite sur les mêmes principes que telle autre. Perfectionnées comme le sont aujourd'hui toutes les machines, il y a nécessairement beaucoup de rapport dans les moyens employés pour leur imprimer le mouvement. Le levier et la roue, sont des auxiliaires généralement connus et employés, et si l'inventeur, qui en ferait usage dans ses machines, ne pouvait obtenir un brevet, il faudrait nécessairement renoncer à prendre des brevets pour aucune espèce de machine. Le point principal à décider n'est pas ; si les mêmes principes de mouvement ou les mêmes parties élémentaires existent dans deux machines, mais si l'effet est produit par le même mode d'opération et par la même combinaison de forces dans l'une et dans l'autre. Quelques modifications de détails ou quelques perfectionnemens légers ne peuvent pas porter atteinte au droit de l'inventeur. Pour mieux nous faire comprendre, prenons l'espèce suivante : Supposons qu'une montre inventée par un individu marque seulement les heures, qu'un second perfectionne l'instrument de manière que la montre indique les minutes, et qu'un troisième lui fasse marquer les secondes, chacun d'eux employant pour indiquer les heures, les mêmes combinaisons et le même mode d'opération que le premier. En pareil cas, l'inventeur d'une méthode pour indiquer les secondes n'aurait pas eu le droit d'employer les procédés des deux autres. Chaque inventeur n'aurait eu droit qu'à ce qui formait sa propre invention, et n'aurait pu se servir des moyens inventés par l'un des deux autres, sans se rendre coupable de contrefaçon.

La construction d'une machine brevetée doit être considérée comme une violation du privilége exclusif du breveté, si elle est faite dans l'intention de la vendre ou de s'en servir. Il pourrait n'en pas être de même si elle n'était faite que pour des expériences théoriques et pour s'assurer de la vérité et de l'exactitude de la spécification. En d'autres mots, la machine doit avoir été faite dans l'intention de porter atteinte au droit du breveté, et de le priver des fruits de sa découverte, pour qu'il puisse avoir droit à une réparation.

La vente d'une machine brevetée, faite par un officier public, et en vertu d'un ordre de la justice, comprendrait non-seulement la machine brevetée, mais aussi le droit de s'en servir, de la manière décrite dans le brevet, et aucune action en contravention ne pourrait être valablement intentée par le breveté contre l'acquéreur d'une telle machine. Mais la personne, qui aurait acheté la machine, n'aurait pas le droit de fabriquer une seconde machine sur le même plan ; elle aurait seulement tous les droits de propriétaire sur la machine par elle achetée, dont elle pourrait faire usage ou disposer à son gré.

Si des pièces détachées, destinées à la construction d'une machine brevetée, étaient vendues de la même manière, l'acquéreur ne serait pas investi du droit de faire construire, avec les dites parties détachées, une machine brevetée, les pièces ayant été vendues, dans l'état où elles se trouvaient, pour être employées par l'acquéreur comme il l'entendrait, en se conformant aux lois.

SECTION VII.

QUEL TRIBUNAL EST COMPÉTENT POUR CONNAÎTRE D'UNE ACTION EN CONTREFAÇON.

Le tribunal de la justice de paix est celui devant lequel l'action doit être introduite. Il a été ainsi pourvu par la loi, afin d'obtenir plus promptement une décision, et pour éviter les frais, qui sont beaucoup plus élevés dans tout autre tribunal.

Le droit commun porte que dans toute contestation civile, le défendeur doit être assigné devant le tribunal de son domicile. Cette règle est d'une application générale, et doit être suivie à l'égard des poursuites en contrefaçon, lesquelles doivent être portées devant le juge de paix du domicile du défendeur. Par exemple, si un breveté, demeurant à Paris, apprend que son invention est contrefaite à Lyon, à Marseille, à Montpellier, et dans d'autres villes, il ne peut pas poursuivre à la fois tous ceux, qui sont en contravention, devant les tribunaux de Paris, mais il faut qu'il les poursuive séparément, devant les juges de leurs domiciles respectifs.

Si cependant deux ou plusieurs personnes s'étaient conjointement rendues coupables de contrefaçon, elles pourraient être toutes poursuivies devant le juge du domicile de l'une d'elles, au choix du breveté.

Si le breveté est étranger, il peut être tenu de donner caution pour le paiement des frais et des dommages-intérêts, qui peuvent être prononcés contre lui. Si le défendeur oppose cette exception, ce qu'il doit faire à la première audience, et avant de défendre au fond, le breveté ne peut être entendu avant d'avoir fourni la caution demandée. Le juge fixe le montant de la somme pour laquelle la garantie doit être fournie ; le breveté est libre de produire un garant ou de déposer la somme fixée par le juge, laquelle somme lui est restituée s'il gagne son procès.

Il y a des cas où un étranger est exempt de fournir caution.

1° S'il a été autorisé par le gouvernement français à fixer sa résidence en France, parce qu'alors il jouit de tous les droits civils aussi long-temps qu'il continue de résider en France ;

2° Si, par un article spécial des traités intervenus entre son pays et la France, les sujets des deux gouvernemens sont exempts de fournir caution quand ils forment une demande en justice;

3° Si l'étranger prouve qu'il possède en France des immeubles amplement suffisans pour payer les frais du procès et les dommages-intérêts.

Il doit être entendu que la caution n'est jamais exigée d'un étranger quand il est défendeur, mais seulement quand il intente lui-même une action contre un sujet français.

Si le demandeur et le défendeur étaient tous deux étrangers, aucune caution ne pourrait être demandée de celui qui intente le procès, car cette exception a été introduite seulement en faveur des sujets français, et nul autre qu'un Français ne peut en requérir le bénéfice.

Cependant, si un étranger autorisé par le gouvernement à se fixer en France, était poursuivi par un étranger qui n'avait pas obtenu cette autorisation, le défendeur pourrait alors exiger que le demandeur donnât la caution requise, parce qu'un étranger, qui a obtenu permission de résider en France, y jouit de tous les droits civils.

SECTION VIII.

PRÉCAUTIONS A PRENDRE AVANT DE CITER LE CONTREFACTEUR.

—

Comme le breveté est tenu de prouver la contrefaçon, si le défendeur était cité à comparaître, il pourrait, à la faveur du délai que la loi lui accorde pour se présenter, soustraire les objets contrefaits, et détruire ainsi les preuves de la contrefaçon. Il est donc indispensable d'avoir recours à quelques mesures préliminaires, afin de se procurer des preuves matérielles de la contrefaçon.

A cet effet, une requête est présentée par le breveté ou par son fondé de pouvoirs au juge de paix. Dans cette requête, le breveté expose qu'il est breveté pour telle invention, perfectionnement ou importation, et que tels et tels violent son privilége en contrefaisant son invention ; il prie le juge de paix de faire faire des perquisitions dans le domicile des personnes accusées de contrefaçon, pour examiner, décrire, et mettre sous les scellés les objets contrefaits, le breveté s'engageant à payer les dommages-intérêts auxquels il peut être assujetti, si la poursuite est prononcée vexatoire.

Sur cette requête, le juge de paix, s'il ne peut procéder par lui-même, commet un huissier pour faire une descente dans le domicile des personnes accusées de contrefaçon.

Il peut arriver que la personne arguée de contrefaçon ait, outre son domicile ou établissement principal, une résidence ou une fabrique dans laquelle il peut être important de faire une perquisition simultanément, pour empêcher qu'averti, par une saisie pratiquée dans l'un de ces deux endroits, le contrefacteur ne fasse disparaître de l'autre les objets argués de contrefaçon.

Si la résidence, ou fabrique et le domicile sont dans le ressort de la même justice de paix, il n'y a pas grande difficulté, car alors le juge de paix peut commettre deux personnes pour opérer deux saisies à la même heure ; mais si la résidence est hors de la juridiction du juge de paix du domicile, on peut prier ce magistrat d'adresser une commission rogatoire soit au juge de paix, soit au commissaire de police de la résidence ou de la fabrique, à fin de faire constater l'existence de la contrefaçon, et de décrire les objets contrefaits trouvés en possession du contrefacteur, et les machines qui auraient pu avoir servi à la fabrication des objets contrefaits.

L'huissier commis par le juge de paix, sur le vu de l'ordonnance du juge, se fait accompagner du commissaire de police du quartier, se transporte au domicile de la personne prévenue de contrefaçon, procède à la re-cherche des objets contrefaits sur la désignation qui en est faite par le breveté, et dresse un procès-verbal contenant une description détaillée de tous les articles supposés contrefaits, leur nombre, et l'état dans lequel ils sont trouvés.

Les scellés sont apposés par le commissaire de police sur tous les objets, s'ils ne sont pas trop nombreux ou trop volumineux; mais autrement, sur un nombre suffisant pour assurer la manifestation de la vérité et servir de pièces de comparaison quand la cause sera portée devant le tribunal. La personne, chez qui la saisie a été opérée, peut être constituée gardienne judiciaire des articles saisis. Cette mesure n'est accompagnée d'aucun risque, la loi frappant de peines très-sévères les personnes qui brisent les scellés confiés à leur garde, et en outre la contrefaçon serait alors regardée comme certaine : cependant le juge de paix peut, si bon lui semble, nommer un autre gardien. Quand le breveté s'est ainsi assuré des preuves de la contrefaçon, il cite le défendeur à comparaître devant le juge de paix.

La présence du commissaire de police est indispensable pour le succès de la saisie et la constatation de la vérité ; car lui seul a qualité pour pénétrer dans le domicile des citoyens. Si donc l'huissier se présentait pour opérer sa saisie , sans être accompagné du commissaire de police , le contrefacteur pourrait lui enjoindre de quitter son domicile et il aurait droit d'employer la force pour l'y contraindre, en cas d'insistance de sa part. L'huissier et le breveté seraient donc dans la nécessité d'aller chercher le commissaire de police , et dans l'intervalle qui pourrait s'écouler entre la tentative de saisie et l'arrivée du commissaire de police , les objet argués de contrefaçon pourraient être soustraits à tous les yeux , et la saisie pourrait, par conséquent, n'amener aucun résultat.

Une autre raison exige , dans les opérations de ce genre , l'assistance du commissaire de police : c'est que sa présence suffit pour prévenir les rixes , qui pourraient avoir lieu entre le breveté et le prétendu contrefacteur.

SECTION IX.

LES DÉBATS.

Au jour indiqué , les parties comparaissent en personne ou par fondés de pouvoir avec leurs avocats respectifs. Les débats sont publics et ont lieu au tribunal de la justice de paix.

En France , un breveté n'est pas obligé , comme il

l'est par les lois anglaise et américaine, de prouver, à l'appui de son action en contrefaçon, que l'invention est nouvelle et inconnue au commerce et au public ; qu'il en a donné une description exacte et fidèle, de manière à rendre une personne, d'une habileté ordinaire dans la partie, capable de faire la chose pour laquelle le brevet a été accordé : son titre de breveté est une présomption suffisante en sa faveur. Si le brevet est pour importation, le breveté n'est pas obligé de nommer le pays d'où il a importé l'invention, ni d'indiquer la date du brevet étranger, ni le nombre d'années pour lequel le brevet a été accordé à l'étranger.

Il n'est pas forcé non plus de prouver que l'invention, qu'il déclare avoir importée, a été précédemment brevetée dans aucun pays étranger. Le brevet est supposé valable jusqu'à ce que le contraire soit prouvé. Les preuves de la nullité du brevet doivent être fournies par ceux qui l'attaquent.

Le breveté, à l'appui de sa demande, produit :

1° Le certificat provisoire de sa demande, qui contient la description de l'invention.

2° L'ordonnance royale qui a confirmé le certificat provisoire, si elle a déjà été rendue : si elle n'a pas encore été publiée, le certificat provisoire suffit pour établir ses droits comme breveté.

Il faut qu'il prouve en outre, que le défendeur a employé, fabriqué, vendu ou détaillé des objets ou des machines faites par les mêmes moyens, par le même procédé et sur le même plan que ceux pour lesquels il a un privilége ; et, pour établir ces points, il compare les objets fabriqués en vertu de son brevet avec ceux qui ont été saisis ou décrits par ordre du magistrat.

Il peut en outre prouver la contrefaçon en produisant des témoins qui ont vu le défendeur contrefaire l'invention du breveté, où qui l'ont vu vendre les articles contrefaits.

Comme il arrive souvent que la contrefaçon a été déguisée en changeant les proportions ou la forme, en ajoutant des ornemens ou d'autres modifications extérieures, le breveté est tenu de prouver que, malgré ces changemens, la machine est néanmoins identique, et le résultat le même que celui obtenu par lui, et que le plagiat est total ou partiel.

Il doit aussi, s'il en est requis, justifier qu'il a exécuté son invention et exploité son brevet avant l'expiration de deux ans, à partir de la date du certificat.

Il doit aussi, si l'on le requiert, justifier qu'il a payé la seconde moitié de la taxe du brevet, ou qu'il a obtenu un sursis du ministre.

Si le défendeur ou les défendeurs admettent la contrefaçon, ce qui n'arrivera que rarement, le magistrat peut prononcer son jugement de suite ; mais en général, pour échapper à la condamnation, ils déclareront et offriront de prouver, qu'il n'y a pas de nouveauté dans l'invention pour laquelle le brevet a été accordé ; que, par conséquent, le brevet est nul.

Quand le juge croit ne pas devoir s'en rapporter à ses lumières personnelles pour décider par lui-même s'il y a ou non contrefaçon, il a recours d'office ou sur la demande des parties, ou de l'une d'elles, soit à un rapport d'experts, soit à un interrogatoire sur faits et articles, soit à une enquête. Quelquefois il ordonne la comparution des parties en personne. Quoique ces divers moyens d'instruction soient consignés dans le Code de procédure, comme c'est pour les industriels que j'écris, j'ai cru devoir les expliquer ici, afin de ne rien omettre de ce qu'il importe à un breveté de savoir.

§ Ier.

DU RAPPORT D'EXPERTS.

Un rapport d'experts est un compte que des experts rendent à la justice de l'examen qu'elle leur a confié d'un point de difficulté, qui ne peut être éclairci que d'après les règles de leur art, avec leur opinion sur ce point.

Les experts, nommés dans les affaires relatives aux brevets d'invention, sont ordinairement au nombre de trois; quelquefois, pourtant, on ne nomme qu'un seul expert. On les dispense généralement de prêter serment pour éviter les frais. Ils sont choisis d'ordinaire parmi les hommes, que l'opinion publique désigne comme pourvus de connaissances spéciales, ou comme exerçant avec honneur une profession à laquelle se rattache l'invention brevetée. Ces experts doivent examiner l'invention, la spécification ou description dans laquelle le breveté a déposé ses moyens de fabrication, les objets supposés contrefaits, et donner des réponses aux questions suivantes :

1° Y a-t-il identité entre les objets argués de contrefaçon et ceux fabriqués en vertu de la description déposée par le breveté à l'appui de sa demande du brevet ?

2° Y a-t-il invention dans l'objet pour lequel le brevet a été obtenu ?

3° Y a-t-il contrefaçon de la part du breveté ?

Ces experts examinent l'invention du breveté, sa spécification, et les contrefaçons supposées; demandent aux parties tous les renseignemens qu'il croient nécessaires, et font un rapport qu'ils déposent au greffe de la justice de paix. Le rapport est levé et signifié par la partie la plus diligente avec citation pour venir plaider.

Au jour indiqué, les parties comparaissent et le breveté se prévaut du rapport des experts nommés, s'il est favorable à sa cause; l'attaque, s'il lui est contraire, et conclut à la condamnation du contrefacteur en des dommages-intérêts dont il indique le montant, pour le préjudice à lui causé, à la confiscation des objets saisis, à l'affiche du jugement à intervenir, et en tous les dépens.

§ II.

DE L'INTERROGATOIRE SUR FAITS ET ARTICLES.

L'interrogatoire sur faits et articles est une voie par laquelle une partie à qui un fait est dénié par son adversaire, fait questionner celui-ci sur ce fait et ses circonstances, pour en obtenir l'aveu, soit directement, soit indirectement.

Les parties peuvent se faire interroger respectivement; ainsi, le poursuivant en contrefaçon peut faire interroger le défendeur, si celui-ci nie, lorsqu'il n'y a pas de preuves contre lui. Le défendeur peut faire interroger le demandeur qui dénie un fait allégué ; par exemple , une permission qu'il aurait donnée de fabriquer les objets argués de contrefaçon.

Il faut que les faits soient pertinens, c'est-à-dire qu'ils ne concernent que la matière dont il est question ; qu'ils soient concluans, c'est-à-dire qu'ils soient tels qu'en les supposant prouvés , il y ait lieu de conclure que celui qui les invoque doit avoir gain de cause.

On demande l'interrogatoire par une requête contenant les faits sur lesquels on veut faire interroger. Sur cette requête, le tribunal rend un jugement qui ordonne l'interrogatoire.

Ce jugement est signifié par un huissier commis à cet effet, pour éviter les surprises; l'exploit contient citation pour venir répondre sur les faits énoncés au jugement.

Il doit y avoir au moins vingt-quatre heures d'intervalle entre cette assignation et l'interrogatoire, afin que la personne puisse se rappeler les faits. Au jour indiqué elle doit se présenter en personne, ne peut lire aucun projet de réponse par écrit, et ne peut se faire assister de conseil. Elle doit répondre sur les faits énoncés dans la requête, laquelle lui a été signifiée.

Le juge peut aussi l'interroger d'office, sur des faits qu'on ne lui signifie pas, afin qu'elle ne puisse préparer ses réponses. L'interrogatoire fini, la partie qui veut en faire usage le signifie à l'autre.

§ III.

COMPARUTION DES PARTIES EN PERSONNE.

La comparution des parties en personne peut être ordonnée d'office, ou sur la demande de l'une des parties, lorsqu'il est nécessaire d'entendre les parties elles-mêmes pour connaître la vérité.

La comparution des parties en personne est ordonnée, quand on désire leur adresser des questions sur des faits de la cause, qui sont à leur connaissance personnelle.

Le jugement, qui ordonne la comparution des parties, indique le jour où elle aura lieu, au moyen de quoi il n'est pas nécessaire de signifier le jugement.

Au jour indiqué, le juge interroge les deux parties ou une seule, en présence l'une de l'autre ou séparément, le tout suivant qu'il l'estime convenable.

§ IV.

DE L'ENQUÊTE.

Quand une enquête est demandée, le juge de paix peut ordonner que les témoins indiqués par la partie qui a demandé l'enquête seront par elle cités, pour venir déposer, soit devant le juge de paix lui-même, soit devant un de ses suppléans.

Le jugement contient la mention des faits à prouver; la partie qui a obtenu l'enquête lève le jugement, le signifie à la partie adverse, et obtient sur requête une ordonnance du juge-commissaire à l'effet d'assigner les témoins aux jour et heure par lui indiqués.

En vertu de cette ordonnance on assigne les témoins en leur donnant copie du dispositif du jugement, seulement en ce qui concerne les faits à prouver.

La partie adverse est citée pour être présente à l'enquête. On lui notifie les noms, prénoms, professions et domiciles des témoins que l'on veut produire contre elle, et cela trois jours au moins avant leur audition, afin qu'elle puisse les reprocher, s'il y a lieu.

Chaque témoin déclare, avant d'être entendu :

1° Ses nom, profession et domicile;

2° Son âge, afin qu'on voie s'il n'est pas impubère,

auquel cas on n'aura que tel égard que de raison à sa déposition ;

3° S'il est parent ou allié d'une des parties, à quel degré ;

4° S'il est serviteur ou domestique de l'une d'elles, pour voir s'il est reprochable, ce que l'autre partie pourrait ignorer; enfin il fait serment de dire la vérité, le tout à peine de nullité.

Aussitôt après cette déclaration, la partie contre laquelle est produit le témoin doit proposer les reproches contre ce témoin, si elle en a; après la déposition, on n'est plus admis qu'à proposer les reproches justifiés par écrit.

On peut reprocher :

1° Les parens ou alliés de l'une ou de l'autre partie jusqu'au degré de cousin issu de germain inclusivement ;

2° Les parens ou alliés des conjoints et des parties au degré ci-dessus, si le conjoint est vivant, ou si la partie ou le témoin a des enfans vivans;

En cas que le conjoint soit décédé et qu'il n'ait pas laissé de descendans, pourront être reprochés les parens et alliés en ligne directe, les frères, les beaux-frères, sœurs et belles-sœurs du conjoint;

3° Le témoin héritier présomptif;

4° Le témoin donataire;

5° Celui qui a bu ou mangé avec la partie et à ses frais, depuis la prononciation du jugement qui a ordonné l'enquête;

6° Celui qui a donné des certificats sur les faits relatifs au procès;

7° Les serviteurs ou domestiques;

8° Les témoins en état d'accusation;

9° Celui qui a été condamné à une peine afflictive ou infamante, ou même à une peine correctionnelle.

Le témoin reproché sera entendu dans sa déposition, parce que le reproche n'est pas jugé par le commissaire avant l'enquête.

Le témoin doit déposer de vive voix, sans pouvoir lire aucun projet écrit.

Le juge peut faire d'office les interpellations qu'il estime convenables, pour que le témoin éclaircisse sa déposition si elle est obscure, la rectifie si elle est fausse, et la complète si elle est insuffisante.

Les parties ne peuvent faire aucune interpellation directe aux témoins, mais elles doivent s'adresser au juge-commissaire, qui, lui-même, transmet aux témoins les questions des parties.

Les parties ne peuvent interrompre les témoins pendant qu'ils déposent, mais elles doivent attendre que la déposition soit achevée.

Il est donné au témoin lecture de sa déposition. On

lui demande s'il y persiste : il peut y faire tels changemens et additions que bon lui semble, ils sont écrits à la suite ou en marge de sa déposition.

L'enquête terminée, la partie qui veut en faire usage la signifie à l'autre partie en la citant pour venir plaider. Toutes les fois qu'une enquête est ordonnée à la requête d'une des parties, la contre-enquête est de droit.

SECTION X.

MOYENS DÉVELOPPÉS PAR LE POURSUIVANT EN CONTREFAÇON.

Devant le juge de paix, le poursuivant justifie de son titre de breveté ou de cessionnaire de brevet.

Ici deux cas peuvent se présenter :

1° Celui où le brevet a été obtenu pour des produits entièrement nouveaux ;

2° Celui où le brevet a été accordé pour des moyens nouveaux ou perfectionnés d'obtenir des produits déjà connus.

Dans le premier cas, le privilége est pour la chose produite ou fabriquée.

Dans le second, il est pour la manière de fabriquer.

Dans le premier cas, le poursuivant doit établir, par

tous les moyens en son pouvoir, que le poursuivi a fabriqué, recélé, vendu ou débité des produits identiques avec ceux pour lesquels le brevet a été accordé ; qu'en supposant qu'il n'y ait pas identité parfaite, les différences ne sont pas essentielles ; qu'elles ne portent pas sur la nature des produits eux-mêmes, mais seulement sur la forme ou sur les dimensions ; que ce sont des modifications introduites pour déguiser la contrefaçon et masquer le plagiat.

Si le brevet est obtenu pour des moyens nouveaux de produire des effets connus, le poursuivant doit prouver que les procédés employés par la personne arguée de contrefaçon sont exactement semblables à ceux déposés dans le mémoire descriptif, dont copie est annexée au certificat provisoire ; qu'en supposant qu'il existe de légères différences entre les deux procédés, ces différences ne sont qu'apparentes, qu'elles n'exercent aucune influence sur les résultats ; qu'enfin la contrefaçon est totale ou partielle.

Indépendamment de tous les autres moyens de fait et de droit qu'il peut faire valoir, le poursuivant se prévaut du rapport des experts, des dépositions faites par les témoins entendus dans l'enquête, des aveux qui ont pu être faits par la partie, et conclut à ce que le tribunal déclare la contrefaçon constante, qu'il ordonne la confiscation, au profit du breveté, des objets reconnus contrefaits, qu'il condamne le défendeur, et par corps, en des dommages-intérêts dont le breveté formule le montant, en outre à l'amende conformément à la loi, à l'affiche du jugement à intervenir, et enfin en tous les dépens.

SECTION XI.

DÉFENSE A L'ACTION EN CONTREFAÇON INTENTÉE PAR UN BREVETÉ.

Le défendeur se prévaut, autant que possible, du rapport fait par les experts nommés, ou l'attaque s'il lui est contraire. Il se prévaut pareillement, s'il le peut, des dépositions des témoins entendus dans l'enquête, ou les attaque en faisant ressortir l'incohérence et la contradiction des réponses. Il s'arme des aveux faits par la partie, soit lors de sa comparution en personne, soit dans l'interrogatoire sur faits et articles.

Si ces moyens lui manquent, il commence par soutenir qu'il n'y a pas identité parfaite entre les produits brevetés et ceux qu'il a confectionnés ; il fait ressortir les différences qui peuvent exister et s'en appuie pour affirmer qu'il n'y a pas contrefaçon. Subsidiairement, il peut critiquer la spécification du brevet et soutenir qu'elle n'est pas assez explicite et assez exacte. Si de l'examen comparé de la description contenue dans le certificat provisoire avec l'objet fabriqué d'après le procédé décrit, il résulte clairement que ce procédé ne suffit pas pour produire l'effet que l'on s'est proposé, et si le breveté ne justifie pas de brevets pour additions ou améliorations, il peut être déclaré non recevable, sur le motif que la description n'est pas suffisamment exacte. Il est toujours loisible au défendeur de prouver que le breveté n'a pas révélé ses moyens les meilleurs et les plus avantageux, ou que son procédé ne peut pas produire l'effet indiqué. S'il administre des preuves complètes à cet égard, le breveté doit être déclaré non recevable.

Si le défendeur prouve qu'il a fabriqué les articles supposés contrefaits par des moyens essentiellement différens de ceux du plaignant, quand le brevet n'est pas pour l'objet fabriqué, le défendeur se fait un titre de la différence dans les moyens employés, et s'il en justifie, cette preuve est péremptoire, et le breveté est déclaré non recevable.

Souvent les défendeurs résistent à l'action du breveté en maintenant que l'invention brevetée n'est pas nouvelle, que d'autres personnes l'ont employée avant la demande du brevet.

Les défendeurs ne sont pas tenus de prouver, dans

ce cas, qu'ils ont employé eux-mêmes le procédé breveté antérieurement à l'enregistrement de la demande du brevet, il suffit qu'ils puissent établir qu'il a été employé par d'autres personnes, ou qu'ils produisent des témoins qui viennent déclarer, qu'ils ont employé ou vu employer le procédé dont s'agit, avant l'époque où la demande du brevet a été faite.

Il ne suffirait pas que l'on prouvât que la chose a été fabriquée en secret, il faut pareillement prouver qu'elle a été rendue publique, soit par la vente, soit de toute autre manière. Si le procédé a été décrit et imprimé dans un ouvrage ou écrit périodique ou autre, qui a été publié, soit en France, soit en pays étranger, quelle que soit la langue dans laquelle l'ouvrage a pu être écrit, le défendeur n'a qu'à produire le livre ou l'ouvrage périodique contenant la description, pour faire déclarer le demandeur non recevable, attendu que la prétendue invention était connue avant la demande du brevet.

Si l'invention, sans être brevetée à l'étranger, y était employée généralement, quoiqu'elle fût inconnue en France antérieurement au brevet, le défendeur peut soutenir avec raison que l'invention ou importation supposée était d'un usage libre, et ne pouvait pas devenir l'objet d'un brevet, et si le défendeur peut prouver ce point, le breveté est déclaré non recevable.

Si le breveté n'a pas exploité son brevet dans les deux premières années de sa jouissance et qu'il ne justifie pas de motifs suffisans pour servir d'excuse à son inaction, le défendeur peut exiger que le breveté soit déclaré non recevable en sa demande.

Les juges sont très-sévères sur ce point. Ils ne regardent jamais comme une exécution réelle de simples expériences ou essais, quoique faits sur une grande échelle, ni la fabrication ou l'établissement de modèles, ils demandent toujours la preuve d'une mise en activité réelle.

Ils sont également sévères dans l'appréciation des motifs allégués comme excuses de l'inaction du breveté. Ces motifs doivent être tels, que les juges demeurent convaincus que des circonstances imprévues ont mis le breveté dans l'impossibilité d'exécuter son invention.

Si le breveté n'avait pas complété le paiement de la taxe au temps fixé, il pourrait être déclaré non recevable jusqu'à ce qu'il eût justifié du paiement. Ce cas n'arrivera que fort rarement, parce que les brevetés auront soin de faire leur second paiement avant d'intenter une action en contrefaçon; mais si les défendeurs pouvaient prouver qu'ils n'ont imité l'invention brevetée qu'après avoir acquis la certitude que le paiement de la seconde moitié de la taxe n'avait pas été effectué au temps prescrit, il pourrait se faire que cette preuve administrée déterminât le juge à donner gain de cause au défendeur, parce que le breveté doit s'imputer à lui-même de n'avoir pas rempli les obligations que la loi lui imposait pour la conservation de son privilége.

Dans le cas où il serait prouvé que le breveté aurait négligé de payer le complément de la taxe de son brevet, le privilége ne serait pas annulé pour cette raison, parce que le gouvernement seul ayant droit de recevoir le montant de la taxe, a seul droit d'intenter l'action en nullité pour défaut de paiement. Et d'ailleurs aucun brevet ne peut être annulé par une sentence de juge de paix, le tribunal de première instance étant seul compétent pour prononcer la déchéance d'un pareil titre. Mais comme la validité du brevet dépend de l'accomplissement des formalités prescrites par la loi, et qu'au nombre de ces formalités se trouve celle qui impose le paiement intégral de la taxe, le breveté, s'il ne pouvait en justifier, pourrait être déclaré non recevable dans sa poursuite en contrefaçon, jusqu'à ce qu'il eût justifié du paiement.

Si le défendeur peut prouver que le titulaire du brevet français a pris un brevet dans un pays étranger pour la même invention déjà brevetée en sa faveur par le gouvernement français, le breveté serait déclaré non recevable attendu la nullité de son titre.

Si un co-propriétaire d'un brevet prend en son propre nom, et postérieurement à son contrat d'acquisition, un brevet dans un pays étranger pour la même invention, le breveté serait déclaré non recevable attendu la nullité de son titre. (Chap. III, § 5.)

Il est clair que la personne arguée de contrefaçon ne peut pas articuler, comme moyen de défense, que l'exécution de l'invention brevetée est contraire à la loi, et que par conséquent le brevet est nul, parce que ce serait de sa part un aveu qu'elle se serait livrée sciemment à l'exploitation d'une invention illégale, aveu qui pourrait l'exposer à des poursuites correctionnelles en qualité de complice du délit. Si un pareil brevet avait été accordé, il devrait être annulé sur la poursuite du procureur du roi, et le breveté pourrait être l'objet de poursuites correctionnelles ou criminelles, selon la gravité du cas.

Nous avons vu que le poursuivi pouvait discuter devant le juge de paix la validité du brevet, et qu'il était en droit de repousser les poursuites dont il était l'objet en prouvant que le brevet n'était pas valable, ou qu'il avait encouru la déchéance, ou qu'il était expiré.

Mais il conserve toujours le droit, jusqu'au jugement, d'intenter devant le tribunal de première instance une action principale en déchéance. Dans ce cas, le jugement de l'action en contrefaçon devra être suspendu jusqu'à ce qu'il soit statué sur la demande en déchéance.

On sent, en effet, que si la personne arguée de contrefaçon parvient à faire déchoir le poursuivant de son brevet, la demande en contrefaçon tombe d'elle-même.

Le tribunal de première instance, puis la cour royale, s'il y a lieu, statuent sur la demande en déchéance, et si le brevet est maintenu, les parties se représentent de nouveau devant le juge de paix.

SECTION XII.

JUGEMENT EN FAVEUR DU BREVETÉ.

Quand le breveté gagne sa cause, le défendeur est condamné :

1° A la confiscations des objets contrefaits ;

2° Aux dommages-intérêts arbitrés par le juge ;

3° A une amende égale au quart des dommages-intérêts ;

4° Au paiement des frais d'impression et d'affiches du jugement de condamnation ;

5° Aux frais du procès, qui sont taxés par le juge ;

6° A la contrainte par corps pour le paiement des dommages-intérêts, de l'amende et des frais du procès.

Le juge de paix peut déclarer la sentence exécutoire, nonobstant appel, mais à la charge de donner caution.

Les vendeurs et débitans d'objets déclarés contrefaits sont condamnés solidairement avec le fabricant, sauf leur recours contre lui. Des personnes qui pourraient avoir acheté les objets contrefaits, et chez qui ils auraient été trouvés par le juge de paix, ou par l'huissier agissant en vertu de ses ordres, ne sont pas passibles de dommages-intérêts, mais les objets contrefaits sont confisqués.

Il a été jugé que, quand même les personnes, ayant acheté les objets contrefaits, n'indiqueraient pas les marchands qui les leur auraient vendus, elles ne seraient pas pour cela réputées complices de la contrefaçon, et ne pourraient pas être condamnées comme tels; mais la confiscation des objets n'en serait pas moins ordonnée.

§ Ier.

CONFISCATION DES OBJETS CONTREFAITS.

Tous les objets confisqués pour violation d'un brevet sont transférés au breveté. Si son brevet est pour une amélioration d'un article connu, et que l'amélioration ne puisse pas être séparée de l'article même, le tout est transféré au breveté. Dans un cas où le brevet portait sur un système de machines destinées à donner au nankin français l'apparence, la forme, le pli et l'apprêt du nankin des Indes, la contrefaçon ayant été prouvée, il fut décidé que non-seulement les machines contrefaites, mais encore le nankin même ainsi préparé, étaient sujets à confiscation. Dans une espèce, où la contrefaçon portait sur certains mécanismes applicables aux harpes et servant à produire les demi-tons, il a été décidé que non-seulement les mécanismes dont s'agissait, mais encore les instrumens auxquels ils étaient adaptés, étaient sujets à la confiscation.

Les personnes chez qui auraient pu avoir été saisis des objets déclarés contrefaits, et qui les auraient achetés pour leur usage personnel, et non pour en faire un commerce, n'en seraient pas moins soumises à la confiscation des dits objets, mais toutefois sans dommages-intérêts ni amende, et sauf leur recours contre leur vendeur.

§ II.

DOMMAGES - INTÉRÊTS.

Les dommages - intérêts alloués au breveté sont

fixés par le juge en proportion du préjudice souffert. Ils varient nécessairement selon l'importance de l'invention et l'extension de la contrefaçon. Les dommages-intérêts alloués sont simplement la réparation du préjudice pécuniaire que le breveté peut constater, et celui qu'il a réellement éprouvé. La loi française sur les brevets est, quant aux dommages-intérêts, fort pénale, puisqu'il y a toujours une amende prononcée quand des dommages-intérêts sont accordés, mais l'intention de la loi est de limiter la réparation au préjudice réel, comme dans tous les autres cas où la propriété d'une personne a souffert des atteintes par le fait d'autrui. Dans les attaques contre la personne ou la réputation d'un individu, par voies de fait ou par diffamation, les juges peuvent, selon les circonstances, accorder à la partie offensée des dommages-intérêts, non-seulement proportionnés au préjudice réellement souffert, mais calculés d'après son rang dans la société, comme compensation suffisante pour l'atteinte qu'elle a pu recevoir dans l'estime publique, atteinte qui blesse si profondément les sentimens d'un homme d'honneur. Mais cette disposition de la loi ne s'applique pas à la violation d'un droit incorporel, tel que celui résultant d'un brevet, et le législateur a voulu limiter les dommages-intérêts à une somme qui pût offrir au breveté une compensation pour la perte réellement éprouvée, et pour les profits dont il a été indûment privé.

Dans le montant des dommages-intérêts, cependant, il ne faut pas comprendre les honoraires des avocats et quelques autres frais encourus pendant le procès, lesquels, quoique nécessaires pour faire constater les droits résultant du brevet, ne sont pas alloués en taxe.

§ III.

AMENDE.

L'amende, qui est toujours prononcée quand des dommages-intérêts sont accordés, est fixée par la loi à un quart des dits dommages-intérêts. Cependant, le maximum de l'amende est limité à 3,000 fr. pour une première condamnation, et 6,000 fr. pour une seconde. La limitation de l'amende ne limite en aucune manière le montant des dommages-intérêts, pour lesquels le juge use d'un pouvoir discrétionnaire. Le montant de l'amende est versé dans la caisse des pauvres de l'arrondissement.

§ IV.

PUBLICITÉ DONNÉE A LA CONDAMNATION.

—

Le jugement de condamnation, imprimé dans son entier, avec les noms des parties et l'énonciation des faits, est affiché publiquement aux frais du contrefacteur. Le juge limite toutefois le nombre de copies qui sont à sa charge.

Un extrait du jugement est aussi inséré dans deux des journaux quotidiens publiés dans le département où demeure le défendeur, et à ses frais.

§ V.

FRAIS.

—

Les frais sont toujours alloués à la partie gagnante, même quand on ne lui accorde pas de dommages-intérêts. Le montant des frais est taxé par le juge et inséré dans le jugement; les honoraires dûs aux avoués n'entrent pas en taxe, c'est à la parties qui a requis leur ministère à s'acquitter envers eux.

§ VI.

CONTRAINTE PAR CORPS POUR LE PAIEMENT DES DOMMAGES-INTÉRÊTS, DE L'AMENDE ET DES FRAIS.

—

La contrainte par corps, pour le recouvrement de l'amende et des frais taxés par le juge, est prononcée contre l'individu convaincu de contrefaçon; elle a lieu aussi pour le paiement des dommages-intérêts, pourvu que le montant de ceux alloués par le juge s'élève à trois cents francs.

Les contrefacteurs auraient trop de chances favorables si la ressource de la contrainte par corps n'existait pas : il leur suffirait de faire imiter les objets brevetés par des individus sans fortune, ou n'ayant aucune fortune apparente, leur insolvabilité réelle ou apparente les mettrait à même de se jouer de toutes les condamnations et de paralyser entre les mains des inventeurs les priviléges qu'ils auraient obtenus.

SECTION XIII.

JUGEMENT RENDU CONTRE LE BREVÉTÉ.

—

Le breveté peut être déclaré non recevable par des

motifs qui ne portent pas atteinte à son brevet ; par exemple, s'il ne peut pas prouver que le défendeur a contrefait l'invention, si l'acte attribué au défendeur n'est pas considéré par le juge comme une contre-façon.

Si les poursuites du breveté sont considérées comme vexatoires, il peut être condamné à des dommages-intérêts proportionnés au tort qu'il a causé ; et quand des dommages-intérêts sont accordés, une amende est prononcée, dont le maximum est limité à 3,000 fr. pour la première condamnation, et 6,000 fr. en cas de récidive.

Pour qu'une amende soit ainsi doublée, il faut que les poursuites déclarées vexatoires aient été dirigées deux fois contre la même personne.

La contrainte par corps est prononcée contre le breveté pour le recouvrement de l'amende, des frais et aussi des dommages-intérêts, pourvu que ces derniers s'élèvent à la somme de trois cents francs. Le juge peut aussi ordonner l'affiche du jugement aux frais du breveté, et l'exécution provisoire moyennant caution.

Si le breveté perd sa cause parce que le brevet est déclaré n'être pas valable, ou parce que l'invention était connue antérieurement, il peut n'être pas condamné à des dommages-intérêts, mais il est toujours tenu de payer les frais.

Si le breveté est déclaré non recevable en sa demande, parce qu'il n'y a pas de nouveauté dans le procédé qu'il a fait breveter, son brevet n'est pas annulé par une pareille sentence, mais il est désormais en ses mains un titre inutile, et dont il ne peut faire usage sans s'exposer à être de nouveau déclaré non recevable. Car, bien que l'autorité de la chose jugée ne puisse lui être opposée, puisqu'il faut pour cela que la demande soit fondée sur la même cause, qu'elle soit entre les mêmes parties et formée par elles et contre elles en la même qualité, néanmoins, les personnes poursuivies en contrefaçon s'appuieraient dans leur défense des moyens tirés du défaut de nouveauté, ou tous autres qui auraient fait triompher la première défense, et elles auraient une grande chance de succès.

SECTION XIV.

APPEL.

Quelle que soit la décision du juge de paix, on peut en appeler avant l'expiration des trois mois, à dater du jour de la signification du jugement.

Un appel est ouvert à l'une et l'autre partie, quand même les condamnations prononcées ne s'élèveraient pas à la somme de cinquante francs, quoique dans les cas ordinaires les sentences des juges de paix soient rendues en dernier ressort jusqu'à concurrence de cette valeur.

Il s'agit en effet pour le breveté de l'existence d'un privilége, et pour les personnes arguées de contrefaçon d'un droit de fabrication et de vente qui est nécessairement d'une valeur indéterminée.

Le tribunal de première instance décide comme tribunal d'appel; l'assistance des avoués est nécessaire devant ce tribunal, et leurs honoraires entrent en taxe.

Si les juges trouvent que leur religion est suffisamment éclairée par les voies d'instruction ordonnées par le juge de paix, la cause peut être entendue de suite. Mais si, au contraire, l'affaire ne leur paraît pas suffisamment instruite, ils ont recours aux divers moyens que la loi offre pour parvenir à la vérité, et la cause est renvoyée jusqu'à ce qu'on en ait complété l'instruction. Aussitôt que cela a eu lieu, la partie la plus diligente assigne l'autre pour plaider sa cause.

Le tribunal confirme, infirme ou modifie la sentence du juge de paix. Le tribunal prononce sur le fait de la contrefaçon, sur le montant des dommages-intérêts, sur la quotité de l'amende, sur le nombre des affiches qui seront à la charge de la partie condamnée, et sur la question des dépens. Contre cette décision, un recours devant la cour de cassation peut avoir lieu dans l'espace de trois mois du jour où le jugement est notifié à la partie condamnée par la partie opposée, mais seulement en raison d'irrégularité de la procédure ou de fausse application de la loi. Cette cour ne décide aucune question de fait, elle ne fait qu'examiner si toutes les formalités légales ont été remplies, et si la loi a reçu une juste application.

L'appréciation des faits qui peuvent ou non constituer la contrefaçon, comme de ceux d'où résulte le défaut de nouveauté de l'invention, n'est pas soumise à sa censure. Si le jugement est cassé par suite d'irrégularité dans la procédure ou d'une fausse application de la loi, la cause est renvoyée pour être jugée devant un tribunal de première instance autre que celui qui a déjà prononcé. Il est à remarquer que nous avons dit, un autre tribunal, ce qui porte que la cause ne pourrait pas être portée devant une autre chambre du même tribunal, mais bien devant un tribunal autre que celui qui a déjà statué.

Si la procédure est régulière et que la loi ait été justement appliquée, la cour rejette le pourvoi et la question est définitivement décidée.

Si la partie condamnée laisse écouler trois mois à compter de la signification du jugement, à personne ou à domicile, sans se pourvoir en cassation contre le dit jugement, il devient définitif, ne peut plus être attaqué sous quelque prétexte que ce soit.

SECTION XV.

DE LA CESSATION DES PRIVILÉGES DU BREVETÉ.

Le privilége du breveté cesse de deux manières :

1° Par l'effet d'un jugement ou d'un arrêt devenu définitif et irrévocable qui a prononcé la déchéance du brevet;

2° Par l'expiration du terme pour lequel il a été accordé.

Aussitôt que le privilége a cessé pour une des deux causes ci-dessus, la description et les dessins relatifs au procédé dont s'agit sont publiés. Les modèles qui peuvent avoir été déposés au conservatoire des arts et manufactures lors de la demande du brevet, et qui n'étaient pas exposés aux regards du public, sont alors placés dans une des salles d'exposition, et l'industrie dont s'agit devient entièrement libre pour tout le monde.

Lorsqu'un inventeur a donné un nom particulier à son invention, soit son propre nom ou tout autre, à l'expiration du privilége toute personne a le droit de fabriquer les dits objets, de les désigner et de les annoncer par le nom que l'inventeur primitif leur a donné ; ainsi, le sieur Carcel inventa une lampe mécanique qu'il intitula Lychnomena ou lampe Carcel. Aujourd'hui que son privilége est expiré, tout le monde peut non-seulement fabriquer des lampes d'après le même système, mais encore leur donner le nom de Carcel, et cela sans être tenu d'obtenir, à cet égard, aucune autorisation pour se servir d'un nom que l'expiration du privilége, qui l'avait consacré, a mis dans le domaine public.

A l'expiration du terme pour lequel le brevet est accordé, comme en cas d'annulation du titre par jugement, le titulaire déchu, ou dont le privilége est expiré, n'a plus le droit de prendre la qualification de breveté.

FIN.

APPENDIX.

APPENDIX.

N° I.

MODÈLE

De la quittance des droits de la Préfecture.

PRÉFECTURE DU DÉPARTEMENT DE LA SEINE.

QUITTANCE DE LA SOMME DE 12 FRANCS.

Le 2 juillet 1833 il a été payé par M. A.... B...., et enregistré en recette, sous le numéro ci-contre du livre de caisse, la somme de DOUZE FRANCS pour frais relatifs à la demande d'un brevet d'invention (*de perfectionnement ou d'importation*) enregistré sous le numéro 4937.

Le préposé à la caisse de la Préfecture,
Signé BENOIT.

N° II.

MODÈLE

D'un procès-verbal de dépôt de pièces pour brevet d'invention, de perfectionnement ou d'importation.

PRÉFECTURE DE LA SEINE.

Procès-verbal d'un dépôt de pièces pour un brevet d'invention, de perfectionnement ou d'importation, *de cinq, dix ou quinze ans.*

Cejourd'hui, deuxième jour du mois de juillet mil huit cent trente-trois, à une heure de relevée, devant nous, secrétaire-général du département de la Seine, est comparu M. A... B... (*nom, prénoms, profession, domicile ou élection de domicile du comparant*), lequel, conformément aux lois des 7 janvier et 25 mai 1791, et à la circulaire du ministre secrétaire-d'état de l'intérieur du 20 décembre 1822, sur les brevets, a déposé entre nos mains un paquet (*un rouleau, un carton*) scellé de son cachet, qu'il nous a dit renfermer : 1° deux dessins représentant une (*indiquer le nom de l'objet inventé*); 2° un mémoire descriptif; 3° une lettre au ministre ; pour lequel objet le sieur A... B... se propose d'obtenir un brevet d'invention (*de perfectionnement ou d'importation*) de cinq (*dix ou quinze*) ans, ainsi qu'il est porté dans sa requête, nous déclarant, le dit sieur A... B..., qu'il est inventeur (*perfectionneur ou importateur*) du dit objet.

Il nous a également remis : 1° un bordereau du receveur central du département de la Seine constatant qu'il a versé la somme de deux cents (*quatre cent cinquante ou huit cents*) francs pour la première moitié de la taxe du brevet demandé ; et 2° un autre bordereau du même receveur de l'obligation de cent cinquante (*quatre cents ou sept cent cinquante*) francs qu'il a souscrite pour la seconde moitié de la taxe.

Nous a prié, le dit sieur A... B..., de faire parvenir, dans le plus court délai, ces pièces à M. le ministre du commerce et des travaux publics, ce que nous avons promis.

Desquels dépôt et réquisition nous avons dressé acte, et le dit sieur comparant a signé avec nous, secrétaire-général de la Préfecture de la Seine, après lecture faite, la présente minute, ainsi que le registre des secondes minutes tenu au secrétariat de la dite Préfecture.

Fait à Paris, à l'Hôtel-de-Ville, les jour, mois et an que dessus.

N° III.

MODÈLE

Du certificat de demande d'un brevet.

BREVETS D'INVENTION (1), DE PERFECTIONNEMENT ET D'IMPORTATION établis par les lois des 7 janvier et 25 mai 1791.

CERTIFICAT de demande d'un brevet (*on indique ici : 1° la nature du titre, s'il est d'invention, de per- fectionnement ou d'importation ; 2° la durée, soit de cinq, dix ou quinze années ;*) délivré à M. A... B.., demeurant à Paris, département de la Seine.

Vu la requête de M. A.... B...., demeurant à Paris, par laquelle il expose que désirant jouir des droits de propriété temporaire accordés et garantis aux auteurs et importateurs en tout genre d'industrie, il demande un brevet (*on exprime ici de nouveau la nature et la*

(1) Le gouvernement, en accordant un brevet d'invention sans examen préalable, n'entend garantir en aucune manière ni la priorité, ni le mérite, ni le succès d'une invention. (*Article 2 de l'arrêté du gouvernement du 5 vendé- miaire an IX,* 27 septembre 1800.)

durée du brevet et le titre de l'invention) qu'il déclare avoir inventé (*perfectionné ou importé*), ainsi qu'il résulte du procès-verbal de dépôt de pièces effectué sous cachet au secrétariat du département de la Seine ;

Vu le mémoire descriptif et les dessins doubles (*modèles et échantillons s'il en a été produit*) joints à l'appui de la dite requête ;

Vu aussi les lois des 7 janvier et 25 mai 1791 ;

Le ministre secrétaire-d'état du commerce et des travaux publics s'étant assuré que toutes les formalités prescrites par ces deux lois ont été remplies par le sieur A.... B...., a fait dresser ce certificat de demande d'un brevet (*nouvelle indication de la nature du brevet, de sa durée et du titre de l'invention*), demande dont il lui est provisoirement donné acté, en attendant que, suivant les dispositions de l'arrêté du gouvernement du 5 vendémiaire an IX (27 septembre 1800), le dit brevet soit rendu définitif par une ordonnance de SA MAJESTÉ, et proclamé par l'insertion de sa spécification au *Bulletin des Lois*, ce qui aura lieu au commencement du trimestre prochain.

Le ministre ordonne en outre :

1° Que le mémoire descriptif et les dessins ci-dessus rappelés resteront annexés au présent certificat ;

2° Qu'une copie en bonne forme de ce même certificat, laquelle devra être suivie de la copie littérale du dit mémoire descriptif et de celle des dits dessins, sera transmise cachetée au préfet du département de la Seine, pour être délivrée au sieur A... B...

Paris, le 25 décembre 1833.

Pour le ministre secrétaire-d'état du commerce et des travaux publics,

Le secrétaire-général du ministère,
EDMOND BLANC.

(Suit une copie littérale du mémoire descriptif, tel qu'il a été déposé par le breveté; cette copie est certifiée véritable par le ministre du commerce. A ce certificat est joint un des doubles des dessins déposés par le breveté, et qui lui est rendu certifié par le ministre.)

N° IV.

MODÈLE

De l'extrait de l'ordonnance royale qui proclame les brevets.

MINISTÈRE DU COMMERCE ET DES TRAVAUX PUBLICS.

LOUIS-PHILIPPE, ROI DES FRANÇAIS,
A tous présens et à venir, salut :

Vu l'article 6 du titre Ier et les articles 6, 7 et 15 du titre II de la loi du 25 mai 1791 ;

Vu l'article 1er de l'arrêté du 5 vendémiaire an IX (27 septembre 1800), portant que les brevets d'invention, de perfectionnement et d'importation, seront proclamés tous les trois mois par la voie du *Bulletin des Lois;*

Nous avons ordonné et ordonnons ce qui suit :

ART. 1er.

Les personnes ci-après dénommées sont brevetées définitivement :

M. A..... B....., de Paris, auquel il a été délivré, le 25 décembre dernier, le certificat de sa demande d'un brevet d'invention (*perfectionnement ou importation*) de cinq (*dix ou quinze années*) pour (*ici est indiqué le titre de l'invention*).

ART. 2.

Les cessions des brevets ci-dessous rappelées ayant été revêtues de toutes les formalités prescrites par l'article 15 du titre II de la loi du 25 mai 1791 , sont déclarées régulières et devront sortir leur plein et entier effet, savoir :

(*Ici est transcrit l'article de l'ordonnance relatif au cessionnaire à qui l'extrait de l'ordonnance est adressé.*)

Art. 3.

Il sera adressé à chacun des brevetés et des cession-
naires ci-dessus dénommés une expédition de l'article
qui le concerne.

Art. 4.

Notre ministre secrétaire-d'état au département du
commerce et des travaux publics est chargé de l'exécution de la présente ordonnance, qui sera insérée
dans le *Bulletin des Lois.*

Paris, le 4 février 1834.

Signé **LOUIS-PHILIPPE.**

Par le Roi :

*Le ministre secrétaire-d'état au département du
commerce et des travaux publics,*

Signé **Thiers.**

Pour extrait conforme ,
Le

N° V.

MODÈLE

D'une cession d'un brevet.

Par devant moi   , notaire royal et public en la ville de   , en présence des témoins ci-après dénommés, domiciliés et qualifiés   , est comparu M. L. N..., mécanicien, demeurant à   .

Lequel a, par ces présentes, cédé et transporté, sans autre garantie que celle de ses faits et promesses,

A M. A. P..., négociant, demeurant à   , présent, et acceptant tous les droits résultant du brevet d'invention (*d'importation ou de perfectionnement*) accordé au sieur L. N..., suivant certificat de demande en date du   , confirmé par ordonnance royale en date du   , publiée dans le *Bulletin des Lois* N°

Pour par le dit sieur P..., cessionnaire, ses héritiers et ayant-cause, jouir, faire et disposer du privilége en provenant comme de chose à lui appartenant en toute propriété, à compter de ce jour, et aussi pendant tout le temps de sa durée légale, conformément à l'art. 15 du titre II de la loi du 25 mai 1791, et de toutes autres dispositions des lois, décrets et ordonnances en matière de brevets d'invention, d'importation et de perfectionnement.

A l'effet de quoi le sieur N..., sans autre garantie que celle ci-dessus exprimée, a mis et subrogé le dit sieur P... dans tous ses droits, noms, raisons et actions à cet égard.

Le présent transport est ainsi fait, moyennant la somme de mille francs, que le sieur N... reconnaît avoir présentement et réellement reçue, et dont il donne quittance.

Et en outre, à la charge par le sieur P..., cessionnaire, qui s'y oblige, de payer les droits du transport du brevet, l'enregistrement et autres déboursés et honoraires auxquels ces présentes donneront lieu, et enfin d'exécuter toutes les conditions imposées aux porteurs de brevets par les lois spéciales.

Déclarant les parties qu'elles se reconnaissent respectivement comme elles sont connues du notaire soussigné.

Fait et passé en l'étude, le   en présence de M. R. S..., négociant, demeurant à
et M. R. T..., aussi négociant, demeurant à
le
et ont, MM. N.... et P...., signé avec les témoins et le notaire, après lecture faite.

FIN DE L'APPENDIX.

TABLE

ANALYTIQUE ET RAISONNÉE

DES MATIÈRES.

A

B

D

E

F

H

I

J

M

Médicamens. Ne peuvent être brevetés en France ; les brevets pris pour ces inventions sont radicalement nuls, 51.

Modèles fournis à l'appui de la demande d'un brevet, 92.

Modèle du récépissé délivré à la Préfecture, 203.—D'un procès-verbal de dépôt des pièces, 204. — Du certificat provisoire, 206. — De l'extrait de l'ordonnance, 208. — D'un acte de cession, 211.

N

Nouveauté. Le ministre n'est pas appelé à prononcer sur la nouveauté d'une invention, 59. —La nouveauté de l'invention est indispensable pour servir de base à un brevet, 79. — N'existe pas si l'invention est en usage dans le royaume, *id.* — Si l'inventeur ou tout autre l'a fait connaître, 80. — Si elle a été décrite dans un ouvrage publié en France, *id.* — Dans un ouvrage écrit et publié en langue étrangère, 81. — Si elle a été exécutée par l'inventeur avant sa demande du brevet, 82.

O

Obligations imposées aux brevetés, *voir* Déchéance.

Obligations imposées aux acquéreurs de brevets, *voir* Acquéreur, Transfert.

Obligation à six mois de terme souscrite par le breveté, 71. — Le breveté ne peut être contraint de l'acquitter, *id.*

Ordonnance royale (l') qui confirme les brevets est de pure forme, 129. — On ne peut ni la refuser, ni s'opposer à sa délivrance quand le certificat a été accordé, *id.*

P

R

S

T

FIN DE LA TABLE.

ERRATA.

Page 13, ligne 15, au lieu de **1793**, lisez **1791**.

Page 35, ligne 7, au lieu de *personnes*, lisez *inventeurs*.

Page 41, ligne 10, au lieu de *la nullité*, lisez *sa nullité*.

Page 76, ligne 5, au lieu de *ne vinssent*, lisez *ne parvinssent*.

Page 82, ligne 8, au lieu de *en exécution*, lisez *à exécution*.

Page 83, ligne 7, au lieu de *fournir*, lisez *donner*.

Page 131, ligne 12, au lieu de *qui ont lieu*, lisez *demandées*.

Page 169, ligne 20, au lieu de *pouvoir*, lisez *pouvoirs*.

Page 193, ligne 15, au lieu de *parties*, lisez *partie*.

AVIS.

Nous recommandons à l'attention des industriels de toutes les classes l'ouvrage que publie M. Perpigna sur les lois des brevets d'invention. En les mettant à la portée de tout le monde, il appelle le public à profiter de sa longue expérience en cette matière, dont il s'occupe depuis quinze ans, ainsi que de sa connaissance des législations de tous les pays étrangers, où il entretient des agens pour la prise des brevets. Nous ne doutons pas qu'un pareil ouvrage, qui manquait à la science, ne soit accueilli avec empressement par toutes les personnes qui s'occupent d'industrie. (LE TEMPS.)

Le *Manuel des Inventeurs et des Brevetés* que publie M. Perpigna sera d'une grande utilité pour tous les industriels. Il servira de guide à toutes les personnes qui sont brevetées ou qui désirent obtenir des brevets. L'expérience pratique de l'auteur est un sûr garant du mérite spécial d'un pareil ouvrage. (QUOTIDIENNE.)

Les inventeurs et les brevetés accueilleront comme une bonne fortune l'ouvrage que publie M. Perpigna sur les brevets d'invention. Ils auront désormais un guide sûr pour se diriger dans la prise de leurs brevets et pour échapper aux nullités qui ne compromettent que trop souvent le sort des plus belles inventions. La grande utilité d'un pareil ouvrage, les connaissances profondes de l'auteur, qui a fait de cette matière son étude spéciale, et sa longue expérience pratique, sont les élémens auxquels il doit son succès. (NATIONAL.)

Les industriels apprendront avec plaisir que M. Perpigna, avocat, publie un ouvrage sur les brevets d'invention. Profondément versé dans la partie des brevets, à laquelle il s'est spécialement consacré depuis un grand nombre d'années, et connaissant les législations des divers pays étrangers, où il a établi des agens pour la prise des brevets, il appelle aujourd'hui tous les industriels à profiter de son expérience. Nous ne doutons pas qu'un pareil appel ne soit entendu, et que son ouvrage n'obtienne un grand succès. (COURRIER FRANÇAIS.)

IMPRIMERIE DE DEZAUCHE, FAUB. MONTMARTRE, N. 11.

www.ingramcontent.com/pod-product-compliance
Ingram Content Group UK Ltd.
Pitfield, Milton Keynes, MK11 3LW, UK
UKHW022210120726
13694UKWH00002B/486